Veit Lindau

KING IS BACK
Aufbruch in eine neue Männlichkeit

W0048132

Veit Lindau

KING IS BACK

AUFBRUCH IN EINE NEUE MÄNNLICHKEIT

Widmung

Ich widme dieses Buch unseren Vätern.
Sie haben den Staffelstab an uns überreicht.

Es liegt nun an uns,
wie kommende Generationen über Männer und
unseren Beitrag zur Zukunft der Menschheit berichten werden.

Inhalt

EINLEITUNG

Dieses Buch heißt *King is back*, weil ich glaube, dass wir Männer vor langer Zeit auf dem Thron, der uns anvertraut wurde, eingeschlafen sind. Ich weiß nicht, was genau passieren wird, wenn der Archetypus des Königs in uns Männern wieder voll erwacht. Doch ich weiß, dass er dringend gebraucht wird. Ich möchte in diesem Buch über scheinbar altmodische Tugenden sprechen wie Ehre, Freundlichkeit und Respekt. Ich möchte erkunden, ob und wie wir sie neu beseelen können.

Es ist Zeit, dass wir uns aus co-abhängigen Beziehungsmustern mit Frauen lösen und lernen, uns selbst auszuhalten, zu heilen und nach Hause zu holen. Einige unserer noch geheimen Stärken werden sich erst offenbaren, wenn wir Mut zur Schwäche aufbringen. Es ist Zeit, dass wir uns eingestehen, dass wir unter unserem Panzer ein zartes, großzügig liebendes Herz beschützt haben. Lass uns mutig sein und die Rüstung ablegen und unser offenes Lieben ertragen lernen. Diesen sanften Befreiungsschlag schulden wir uns, unseren Liebsten und der Welt. Wir werden gebraucht. *Jetzt*, nicht morgen. In unserer edelsten, feinfühligsten, freiesten Version.

Lieber Mann,

ich freue mich, dass wir uns auf diesem Weg begegnen. Warum hast du dieses Buch aufgeschlagen? Auf Empfehlung? Aus Neugier? Weil dich gerade drängende Fragen bewegen?

Wenn du ähnlich tickst wie ich und viele andere Männer in meinem Umfeld, dann dauert es manchmal eine Weile, bis du mitten im Sog deines täglichen Schaffens bemerkst, dass dir etwas fehlt. Während du voll im Leben stehst, erwarten dich jeden Tag so viele Herausforderungen; da bleibt oft (scheinbar) keine Zeit, innezuhalten und den leiseren Stimmen in dir zu lauschen. Und schneller, als du erwartest, sind zehn Jahre deines Lebens herum. Zwanzig Jahre. Dreißig. Du hast so gut es ging mitgespielt in der Arena deines Lebens. Du hast voller Inbrunst gerungen und gekämpft. Du bist auf die Schnauze gefallen. Wieder aufgestanden. Du hast einfach weiter gemacht, so wie es eben seit Tausenden von Jahren von uns Männern erwartet wird. Vielleicht hast du Kinder in die Welt gesetzt, Hochhäuser gebaut, Menschenleben gerettet. Vielleicht erreichen dich diese Zeilen gerade in einer Phase des Siegens. Genieße es! Eventuell kreuzen sich unsere Wege aber auch, während du gerade zu Boden gegangen bist, von einem Ereignis erschüttert wurdest. Oder – so geht es den meisten Männern, denen ich in meinen Seminaren begegnen durfte – du ahnst einfach instinktiv, dass noch irgendetwas fehlt. Ich möchte das Anliegen dieses Buches in einer Frage ausdrücken:

Wenn du heute sterben würdest, hättest du das
Gefühl, du hast bereits voll gelebt?

Wenn es um die ehrliche Einschätzung ihres Lebenswerkes geht, sind Männer meiner Erfahrung nach zunächst meist stolzer als Frauen. Es braucht häufig Vertrauen und Zeit, bis wir die erste, oberflächliche Version unserer Geschichte entspannen können und bereit sind, tiefer zu schauen. Wo und wie haben wir uns eventuell verrannt? Welche unserer Träume und Ideale haben wir verraten? Und welche unserer Potenziale haben wir noch nicht ansatzweise ausgepackt?

Keine Angst. In diesem Buch geht es nicht primär darum, im Dreck zu wuhlen. Naturlich wurde ich es toll finden, wenn du gemeinsam mit mir den Mut aufbringst, auch den Finger in die Wunde zu legen. Doch vor allem kommen wir zusammen, um die kostbare Chance unseres Lebens zu ehren und zu feiern. Wie viele Männer kennst du, die mit den wirklich wesentlichen Themen viel zu lange gewartet haben? Bis ein Herzinfarkt sie niederstreckte. Bis die Kinder »plötzlich« erwachsen waren und das Haus verließen. Bis die Partnerin oder der Partner weg war, das eigene Unternehmen in Konkurs ging oder ein ganzes Gesellschaftssystem um sie herum zusammenbrach. Diese

Männer waren zu beschäftigt, zu gierig oder einfach nur zu ängstlich, um mitten im Spiel (und nicht erst am Ende) stehen zu bleiben und ihr Leben einer Inventur zu unterziehen.

Ich weiß, dass du ein wertvoller Mensch und wichtig bist. Doch – ob dir das bewusst ist oder nicht – es gibt Menschen in deiner Umgebung, die sich nach einer noch freieren, gütigeren, präsenteren Version von dir sehnen. Menschen, die dich lieben oder eng mit dir zusammenarbeiten. Ich glaube nicht an Zufälle. Wenn du jetzt gerade diese Zeilen liest, dann lebst du noch nicht alles, was du diesen Menschen, der Welt und dir schuldest.

Ich nehme einen bemerkenswerten Widerspruch in so vielen Männern wahr. Auf der einen Seite nehmen wir uns häufig auf eine lächerliche Weise viel zu wichtig. Auf der anderen begreifen wir nicht, wie viel Bedeutung wir für viele andere Menschen haben. Also lade ich dich mit diesem Buch ein, dich auf eine gute Weise wichtig zu nehmen. Ich werde dir viele Fragen für deine persönliche Inventur stellen, etwa:

- Wer bist du?
- Wie definierst du Männlichkeit?
- Welche Ziele verfolgst du? Sind es wirklich-wirklich *deine* Ziele?
- Lebst du dich selbst oder wirst du gelebt?
- Was willst du dir endlich vergeben und was willst du an dir lieben lernen?
- Lebst du erfüllt im Jetzt und bereitest du dich gleichzeitig weise auf dein Sterben vor?
- Hast du dein Herz bereits voll geöffnet und existenziell geliebt?
- Wie wird die Welt schöner durch dich?

Ich möchte dich an dieser Stelle zu einem Bild einladen. Stell dir vor, wir würden uns bereits kennen. Sehr gut sogar. Wir sind Freunde und vertrauen uns unsere Ängste, Zweifel und Wünsche an. Wir haben uns in einer kleinen Hütte in den Bergen getroffen. Keine Kids, keine Frauen. Nur zwei Kerle am Kaminfeuer. Wir lassen unseren Stolz fallen und schauen gemeinsam ehrlich auf unser Leben. Auf das, was war, was ist und was kommen will. Damit du dich auf diesen Dialog besser einlassen kannst, möchte ich dir kurz etwas über mich erzählen.

Wer ich war und wer ich heute bin

Ich wurde 1969 in der kleinen Provinzstadt Görlitz in der damaligen DDR geboren. Ich wuchs, wie viele im Osten, beschaulich und zugleich sehr restriktiv auf. Groß und frei denken war nicht angesagt. Meine Eltern haben in der Erziehung meines drei Jahre jüngeren Bruders und mir ihr Bestes gegeben. Dafür achte ich sie sehr. Rückblickend sehe ich, dass ich eine bestimmte geistige Nahrung, die meine Seele so essenziell gebraucht hätte, von niemandem bekommen habe. Ich hatte keinen geistigen Mentor, also bewegte ich mich mit einer verwirrenden und zum Teil explosiven Mischung aus Sehnsucht, Wut und Verletzbarkeit durch meine Pubertät. Unsicherheit und namenlose Fragen nach dem Sinn des Lebens und des Sterbens waren in meinem Inneren verborgen unter Arroganz und gebluffter Toughness.

Ich weiß, dass es meinen Eltern wahrscheinlich wehtun wird, wenn sie diese Zeilen lesen, denn natürlich wären sie gern alles für mich gewesen. Doch sie wissen auch, dass es ihnen in ihrer Kindheit ja nicht anders ging. Im Endeffekt macht alles wieder Sinn. Häufig ist es gerade eine tiefe Wunde oder ein nicht gestilltes Bedürfnis, das uns auf *die* Abenteuerreise unseres Lebens schickt. Mein Vater war ein Kriegskind, hatte eine sehr harte Kindheit und hat in seinem Leben Großartiges geleistet. Wenn ich schreibe, dass mir eine zarte, wirklich nahe Ebene zwischen uns gefehlt hat, ist dies kein Vorwurf, denn ich sehe, dass er seine Liebe zu uns genauso ausgedrückt hat, wie eben viele Männer dieser Generation. Sie hatten keine Zeit, groß in Gefühlen zu schwelgen. Sie waren tapfer. Ich habe meinen Vater für seine Wut gefürchtet und für seinen Schaffensdrang bewundert. Beides habe ich von ihm übernommen. Bis ich mit 18 Jahren das Haus verließ, habe ich von meinem Vater, von Lehrern und von Vorbildern gelernt, was es klassischerweise bedeutet, ein Mann zu sein: *Sei für deine Familie da. Reiß dir den Arsch für sie auf, auch wenn du dann selbst kaum zu Hause bist. Baue fleißig etwas auf. Tu immer irgendetwas, und wenn es Holzhacken ist. Es geht nicht ums Mitmachen, sondern ums Siegen. In die Schule geht man auch noch mit leichtem Fieber. Weinen ist Schwäche. Wenn du dich unsicher fühlst, lenke mit einer großen Klappe davon ab. Versuche immer, on top zu sein – wenn nicht mit Muskeln, dann mit dem Kopf. Mach Witze über Mädchen und Frauen. Schwäche ist gefährlich. Stärke ist essenziell.*

In der elften Klasse entdeckte ich Bodybuilding. Also legte ich mir neben meinem emotionalen auch noch einen Muskelpanzer zu. So zog ich mit einem bestimmten Bild von Mannsein in die Welt. Es hat mich weit gebracht und enorm viel gekostet. Nach einem Jahr Medizinstudium und drei Jahren Heilpraktikerausbildung habe ich die vorgegebene Autobahn endgültig verlassen und meinen Weg eingeschlagen. Seitdem arbeite ich als Coach, Trainer und Autor. Ich war ehrgeizig, extrem fleißig, hart zu mir selbst und zu meinen Liebsten. Ich dachte, ich tue meiner zauberhaften Tochter gut, wenn ich streng mit ihr bin. Ich dachte, es sei normal, dass ich viele Stunden mit meiner Familie verpasse, weil ich ja für sie arbeite. So machen es Männer, hatte ich gelernt. In Augenblicken, in denen ich hätte still sein und weinen sollen, habe ich schlaues Zeug gequatscht. Meine Frau und ich haben in drei Jahrzehnten eine Company (Life Trust) und eine Onlineplattform (homodea.com) aufgebaut, die beide sehr erfolgreich sind und auf die ich wirklich stolz bin. Ich habe mehr als zwanzig Bücher geschrieben, viele davon Bestseller, und ich habe Preise im Coaching- und Speakerbusiness abgeräumt. Das scheinen eine Menge Gründe zu sein, um zu glauben, ich »hätte es geschafft«. Ich war um die 40 Jahre alt, als ich realisierte, wie hoch der Preis war, den ich dafür bezahlt habe. Es ist toll, wenn du etwas aufbaust, was die Welt schöner macht. Aber es ist krank, wenn du selbst keine Zeit findest, es zu genießen. Meine Frau liebte mich zutiefst, doch sie hatte Angst vor meiner Aggression. Ich bin nie körperlich gewalttätig geworden. Doch es hat lange gebraucht, bis ich verstand, dass wir Männer allein durch unsere Energie einschüchtern können. Meine Tochter zog in die Welt und erst da begriff ich, wie unsagbar tief ich sie liebe. Ich bin ihr und dem Leben gegenüber extrem dankbar, dass sie immer wieder gern die Nähe zu uns sucht und mir so die Gelegenheit gibt, vieles nachzuholen. Doch vor allem habe ich in diesen letzten zwölf Jahren mehr und tiefer verstanden, wer ich eigentlich wirklich bin und wie viel von dieser ursprünglichen Essenz unter dem männlichen Panzer verborgen war. Ich will das gar nicht negieren. Ich schätze meinen Drive und meine Durchsetzungskraft, doch das ist eben nur ein kleiner Aspekt an mir. Rückwirkend sehe und fühle ich, wie zart, hell und offen ich als kleiner Bub war. Ich war kein typischer Junge (wenn es den überhaupt gibt). Ich war eine sanfte Mischung aus männlichen und weiblichen Qualitäten. Ein Träumer mit Tiefgang. Ich habe wie vor mir Myriaden von Jungs gelernt, hart zu sein, weil es wohl damals der einzige Weg war, einigermaßen sicher zu überleben. Zum Zeitpunkt, als ich die Schule verließ, hatte ich den Anfang vergessen.

Das ist für mich der Beginn toxischer Männlichkeit. Wenn die antrainierte Rolle zum Gefängnis wird und uns nicht mehr frei atmen und fühlen lässt. Wenn das Ideal unseres Mannseins unsere Feinfühligkeit unterdrückt, unsere Beziehungen okkupiert und zu einem Selbstläufer wird, der uns und unsere Mitmenschen verletzt. Seitdem hole ich mir all meine Anteile wieder zurück und in einem Punkt kann ich dich schon mal beruhigen (falls dies auch eine deiner Ängste ist): Die Integration unserer bis hierher unbewussten, ja vielleicht sogar gefürchteten Anteile macht uns nicht schwach, sondern souverän.

Der Protagonist in diesem Buch bist du

Natürlich dreht sich in diesem Buch alles erst einmal um dich, doch ich möchte nicht verhehlen, dass ich damit auch ein gesellschaftspolitisches Anliegen verfolge. Unsere Welt brennt, und zwar an so vielen

Ecken. Die Herausforderungen, vor denen wir als Menschheit stehen, kann man getrost als existenziell beschreiben. Mir fehlen wache, reife Männer am Tisch der Evolution. Wir haben die Entwicklung unserer Gesellschaft und der Unternehmen zum großen Teil besonders dominanten und nicht besonders empathischen Vertretern unserer Spezies überlassen, und das ist nicht gut! Mir fehlen Männer einer neuen, integralen Bewusstseinsebene in den Talkshows, im Bundestag und auf den Straßen. *Wir fehlen.* Wir fehlen uns selbst. Unseren Geliebten. Unseren Kindern. Wir fehlen in der Wissenschaft, in der Wirtschaft und in der Politik.

Diese Welt brennt an so vielen Ecken und Kanten. Dennoch ist dies kein Buch der Verzweiflung. Es ist ein Weckruf für den Gestalter in dir. Für den Mann, der etwas beitragen kann und der bereit ist, dort, wo er wirkt, das Leben zu hüten. Das ist für mich der Archetyp des Königs. Kein Schwächling, aber auch kein Tyrann, sondern ein Mensch, der bereit ist, sein volles Potenzial zum Wohle aller zu entfalten.

Genesis. Die Befreiung der Geschlechter

Dieses Buch basiert auf dem Buch *Genesis. Die Befreiung der Geschlechter.* Es ist nicht zwingend notwendig, aber ich empfehle dir, vorher oder parallel *Genesis* zu lesen. Es vermittelt dir ein tieferes Verständnis für den größeren Zusammenhang, in dem deine Arbeit mit dir selbst in dieser so besonderen Zeit stattfindet. In *Genesis* bin ich ausführlich auf unsere kosmische Herkunft, aber auch auf die Geschichte des Patriarchats eingegangen. Zum einen war es mir wichtig, aus männlicher Sicht volle Verantwortung für die kollektive Verletzung des weiblichen Feldes in den letzten 10 000 Jahren zu übernehmen. Zum anderen wollte ich die Geschichte des Patriarchats aus der Sicht von uns Männern erzählen. Aus dieser Perspektive habe ich auch *King is back* geschrieben.

Übrigens hat meine Frau zeitgleich zu diesem Buch das Schwesterwerk *Queen is rising* geschrieben. Wenn du mit einer Frau zusammenlebst, ist es sicher fruchtbar, wenn ihr die beiden Bücher parallel lest und euch austauscht.

Hintergrund dieses Buches

Die Thesen, auf denen *King is back* basiert, lauten deshalb:

1. Männer befinden sich derzeit – individuell und kollektiv – in einer Identitätskrise. Vielen ist dies noch nicht bewusst. Sie projizieren die inneren Spannungen auf äußere Konflikte und lenken sich mit Tun massiv ab.

2. Eine der größten Herausforderungen auf dem Weg zu einer umfassenderen Selbstkenntnis ist die Tatsache, dass wir alle durch das patriarchale System gebrainwasht worden sind. Ja, auch du, es sei denn, du bist unter sehr besonderen, geschützten Bedingungen groß geworden. Das bedeutet im Klartext: Wir können derzeit gar nicht wissen, wie das volle Potenzial von Männern aussehen könnte, denn wir wurden vom ersten Atemzug an durch die vorherrschenden Paradigmen in unserem Elternhaus und der gesamten Gesellschaft in unserem Denken, Fühlen und Handeln massiv konditioniert. Um dir ein Bild für dieses Dilemma anzubieten: Wenn dein gegenwärtiges Selbstverständnis eine Box ist, in der dein Verstand eingesperrt wurde, dann steht die Anleitung zur Befreiung an der Außenwand. Um das Gefängnis dennoch zu verlassen, brauchen wir den Mut, alles Gegebene radikal infrage zu stellen, unserer Intuition zu folgen, Frauen wesentlich mehr zuzuhören (denn sie sehen uns häufig von außerhalb der Box) und viele neue Wege im Denken und Handeln auszuprobieren.

3. Die meisten Männer haben im Laufe ihrer Erziehung und Kultivierung einen großen Preis bezahlt. Sie haben unglaublich wertvolle, kreative, powervolle und heilsame Anteile ihrer Psyche unterdrückt, um funktionieren zu können.

4. Männer sind das in Wahrheit unterschätzte Geschlecht. Wir haben uns selbst in primitive Rollenmuster drängen lassen und ver-

teidigen sie zum Teil noch mit einem absurden Stolz. Doch in uns warten noch viele Facetten und Fähigkeiten darauf, entdeckt und gelebt zu werden.

5. Das Wort Emanzipation stammt aus dem Lateinischen und bedeutet *Freilassung*.[1] Das Patriarchat und die darauf aufbauende moderne Leistungsgesellschaft haben uns alle quasi versklavt. Frauen haben mindestens 120 Jahre Emanzipationsvorsprung. Wir Männer müssen dringend Verantwortung für unsere eigene Entwicklung übernehmen und uns freiwillig (von innen heraus) emanzipieren. Es geht nicht darum, dass wir uns *gegen* die Frau behaupten, sondern darum, uns *für* uns, *für* das Leben, *für* die Zukunft der Menschheit zu entwickeln.

6. Dafür müssen wir uns aus unserer co-abhängigen Beziehung mit dem weiblichen Geschlecht lösen, aus der extrem verfahrenen Position des Trotzes, aus destruktiver Dominanz, aber auch aus schuldbeladener Unterwürfigkeit. Niemandem ist langfristig geholfen, wenn wir uns nur dann bewegen, wenn unsere Frauen uns drängeln und »nerven«. Wir müssen erkennen, dass wir uns selbst fehlen. Dass wir inmitten all unserer Trophäen und Konzepte oft so einsam sind. Auch wenn es uns verdammt schwerfällt und wir uns vielleicht erst einmal hilflos anstellen, müssen wir lernen, uns selbst allein zu ertragen und uns dann tiefer zu verstehen, um uns letztendlich sogar lieben zu können.

7. Um diese radikale Arbeit mit uns selbst einzuleiten, braucht es die Stärke, schwach zu sein. Ich rede nicht davon, in Selbstmitleid auf der Couch zu versacken. Ich meine unsere Bereitschaft, ehrlich zuzugeben, dass wir uns an manchen Stellen verrannt haben. Dass wir nicht alles wissen. Dass wir hin und wieder Angst haben und dass uns sehr wohl Dinge unter die Haut gehen und wehtun.

8. Dieses Buch spricht vor allem sechs Archetypen[2] in dir an. Das *magische Kind* ist der Hüter unserer Träume. Der *Samurai* ist der Krieger, der sein Leben an einem Ehrenkodex ausrichtet und diesen auch unter Bedrohung und in Versuchung aufrechterhält.

Seine Power sorgt dafür, dass wir unsere PS auf die Straße bekommen. Der *Liebhaber* gibt sich dem Moment hin. Er erinnert uns daran, dass wir nicht hier sind, um zu bekommen, sondern um uns zu verschenken. Der *Heiler* lehrt uns, aufrecht, sanft und verletzbar in der Arena zu stehen und selbst gut für unsere Wunden sorgen zu können. Der *König* vereint deine edelsten Tugenden. Er sieht die Welt mit mildem Auge und hütet sie. Er holt dich, egal, wie sehr du dich verloren hast, immer wieder auf den Weg mit Herz zurück. Der *Weise* sieht das gesamte Leben als die Vorbereitung auf den Tod. Er nutzt die Sterblichkeit und die Stille als Lehrmeister für das wirklich Wesentliche.

Wie du mit dem Buch am besten arbeiten kannst

King is back besteht aus zwei Ebenen. Am Anfang eines jeden Kapitels teile ich eine von 14 Perspektiven auf Männlichkeit mit dir. Bitte verstehe sie nicht als *die* Wahrheit, sondern als meine Gedanken und damit als eine Meinung, auf die du dich beziehen und an der du dich reiben kannst. Ich will und kann gar nicht *recht haben*. Es gibt nicht den *einen* richtigen Mann oder die *eine* Wahrheit. Auch mag nicht jedes der 14 Themen für dich jetzt gerade relevant sein. Doch lass dich nicht von deinem eigenen Verstand austricksen. Ich bin zum Beispiel im Yoga und generell im Sport immer wieder versucht, jene Übungen als »uninteressant« zu überspringen, die in Wahrheit besonders wichtig für mich sind. Mach dir selbst deine Gedanken und finde deine für dich stimmige Position.

Ich sehe *King is back* eher als einen Türöffner in ein großes Abenteuerland deiner wahren Männlichkeit und Menschlichkeit. Ich bin mir bewusst, dass man zu jedem der 14 Kapitel ohne Probleme ein eigenes Buch schreiben könnte. Dir steht deshalb ein umfangreicher Downloadbereich unter go.homodea.com/king zur Verfügung, in dem du vertiefende Videovorträge, weitere Übungen und Reflexionsfragen und auf die Themen abgestimmte Meditationen vorfindest. Besonders Letztere aktivieren dein Unterbewusstsein und ermöglichen dir so wesentlich tiefere Erkenntnisse.

Jedes Kapitel wird durch Reflexionsfragen, Übungen und Anregungen abgerundet, die dich zur Umsetzung deiner Erkenntnisse einladen. Ich lege dir sehr ans Herz, dir die Zeit zu nehmen und diesen Arbeitsteil schriftlich auszufüllen. Ich werde dich auch ab und zu einladen, dir Zeug*innen für deine Beschlüsse zu suchen. Die Wahrscheinlichkeit, einen Vorsatz tatsächlich umzusetzen, steigt signifikant, wenn wir uns anderen gegenüber dazu verpflichten.

Zu den Themen dieses Buches existieren ein gleichnamiger Onlinekurs und ein Netzwerk von wachen Männern auf dem Weg. Auch wenn du dich eventuell im Augenblick noch eher als einsamen Wolf siehst, schau einfach mal vorbei. Tausch dich mit den anderen Männern aus. Vielleicht schließt du dich sogar einer der Gruppen an, die online und an vielen Orten auch persönlich stattfinden. Du findest genaue Details dazu im Anhang (s. Seite 202).

An alle binären und nonbinären Wesen

Dieses Buch richtet sich nicht nur an den klassischen, heterosexuellen Mann. Ich lade ausdrücklich auch alle nonbinären Menschen ein, die sich von der männlichen Kraft stark angezogen fühlen. Wenn du ein *normal* tickender Mann bist, kann das erst einmal verwirrend für dich klingen. Gut so. Denn dies wird auch ein wesentlicher Part unserer Emanzipation sein: die Vielfalt im Ausdruck der Geschlechter kennenzulernen, zu achten und dir selbst zu erlauben, aus jedem (sexuellen) Klischee auszubrechen, welches dich eventuell schmerzhaft eingeengt hat. In *Genesis* erkläre ich ausführlich den Unterschied zwischen Mannsein (wenn du dich als Mann fühlst und definierst) und Männlichkeit (als Synonym sowohl für eine ganz bestimmte Qualität von Energie als auch für Eigenschaften, die wir eher mit männlich assoziieren). Die bereits beschriebenen Archetypen repräsentieren *Männlichkeit* und deshalb lade ich hier noch einmal explizit und von

Herzen alle Menschen zur Lektüre ein, die einen Samurai und einen König in sich spüren.

Die Erschütterung alter patriarchaler Paradigmen äußert sich auch in den heftigen Diskussionen rund um das Gendern der Sprache. Natürlich holpert das noch an vielen Stellen und kreiert auch übertriebene Auswüchse. Doch wer darauf beharrt, die Sprache so, wie sie ist, bewahren zu wollen, macht es sich zu einfach. Er hat nicht verstanden, dass Sprache die neuronalen Netzwerke in unserem Gehirn formt und dadurch massiv die Wahrnehmung unserer Realität beeinflusst. Wenn wir eine neue, offenere Wirklichkeit erschaffen wollen, müssen wir auch unsere Sprache anpassen. Ich habe mich in diesem Buch für einen Kompromiss entschieden. Da es primär von männlichen Wesen gelesen wird, behalte ich die männliche Ansprache bei. Allerdings spendiere ich dem Wort Mann* von nun an einen Stern. Möge dich der Stern daran erinnern, dass du ein einzigartiger Stern am Firmament der Menschheit bist. Möge er dir als Symbol für all dein verborgenes Potenzial dienen, welches dieses Buch hoffentlich wecken wird.

Bist du bereit? Dann lass uns loslegen. Möge der König in dir erwachen.

Ankommen in dem, was ist

 These: Weil Männer* in ihrem Wirken eher logoslastig[3] sind, verlieren sie sich leicht in ihren Ideen vom Leben, anstatt voll in der Gegenwart anzukommen. Doch erst wenn wir wach anerkennen, was ist, können sich die Dinge natürlich und nachhaltig aus sich heraus transformieren.

Wie viele Männer* kennst du, die tagein, tagaus ein Hamsterrad an Zielen und Verpflichtungen bedienen, ohne sich je zu fragen: *Was mache ich hier eigentlich? Welche Maschinerien halte ich mit meiner Lebenskraft am Laufen? Macht das alles wirklich Sinn?* Vielleicht ist dir schon einmal aufgefallen, dass wir uns gern etwas vormachen und dass unser Selbstbild nicht immer mit den nüchternen Tatsachen übereinstimmt.

Es gibt sicher mehrere Gründe für männliche Verleugnung und Selbstüberschätzung. Eine philosophische Erklärung liegt für mich darin, dass wir uns darauf spezialisiert haben, Leben primär über *Logos*, also *Denken* zu begreifen. Wir sind so sehr im Verstand, dass wir das, was wir uns in ihm vorstellen, mit dem verwechseln, was wirklich ist. Dies wird sicher auch durch die etwa zehnmal höhere Dosis an Testosteron verstärkt, der ein männliches Hirn im Vergleich zu einem weiblichen ausgesetzt ist.[4] Testosteron fördert nachweislich ein lineares, tunnelartiges, nach vorn, in die Zukunft ausgerichtetes Denken und unterstützt ein Selbstbewusstsein, das nicht zwangsläufig durch Kompetenz und echte Erfolge untermauert wird. Der männliche Logos definiert sich gern über Bewegung, Ziele und Siege. Er ist lieber in der Zukunft als hier. Er denkt sich gern in Visionen hinein, als sich jetzt da, wo er wirklich ist, nüchtern umzuschauen. Wir glauben mehr dem Selbstbild, das wir von uns aufgebaut haben, als dem ehrlichen Blick in den Spiegel oder dem Feedback unserer Mitmenschen. Das kann dazu führen, dass wir an unserem eigenen

Leben vorbeileben. Wir sind zwar irgendwie präsent, aber eben nicht wirklich hier. Weißt du, was ich meine?

Meinen großen Aufwachmoment diesbezüglich hatte ich vor etwa fünf Jahren, als mir so ziemlich jede menschliche und berufliche Baustelle, die ich über lange Zeit ignoriert hatte – als hätten sie es abgesprochen –, innerhalb weniger Wochen vor die Nase gesetzt wurde.[5] Es war in so vielerlei Hinsicht das anstrengendste Jahr meines Lebens. Ich landete körperlich im Burn-out, erlebte, wie gleich mehrere Beziehungen zerbrachen, und machte Verluste im siebenstelligen Bereich. Während ich mich zu Beginn kurzfristig im Opferbewusstsein suhlte, wurde leider schnell klar, dass dieser Riesenmisthaufen gar nicht so überraschend über mich hereinbrach, wie ich es in dem Moment wahrgenommen hatte. Das Leben hatte mir im Vorfeld sehr wohl viele kleine und große Zeichen gesendet: über meinen Körper, im Business, in Gesprächen und vor allem als intuitive Vorahnung. Doch ich wollte nicht langsamer werden, nicht stehen bleiben und ganz sicher nicht meine Visionen infrage stellen. Als dann alles auf einmal kam, bin ich hart gefallen. Es war eine Lektion, die ich zwar nicht missen will, die ich aber auch wenn möglich nicht noch mal brauche.

Wie sieht es mit dir aus? Kooperierst du mit dem Leben? Hörst du zu? Oder machst du es wie ich damals und rennst einfach weiter? Bist du bereit, dieses Kapitel zu nutzen, um in den Spiegel deiner Wirklichkeit zu schauen und nüchtern anzuerkennen, was ist?

Vielleicht läuft es gerade alles bombastisch. Dann wird es dir leichtfallen, die Dinge, wie sie sind, zu benennen. Vielleicht durchläufst du aber auch gerade eine Sch…phase und möchtest am liebsten gar nicht darauf angesprochen werden, geschweige denn dir den Mist auch noch unter dem Mikroskop anschauen. Das verstehe ich und dennoch sage ich: Tu es. Sei es dir wert. Das Gesetz der Anerkennung besagt:

> *Wir verändern uns nicht,*
> *indem wir versuchen, anders zu sein, als wir sind.*

Wir verändern uns,
indem wir vollkommen in dem ankommen, wer wir sind. [6]

Wie geht das? Dein Bewusstsein ist Lebensintelligenz pur. Sein einziges Ziel ist es, dich glücklich zu machen. Das kann es jedoch nur, wenn du es lässt. Wenn du dich zum Beispiel weigerst, die Existenz eines Problems anzuerkennen, ziehst du dein Bewusstsein von ihm ab. Dann kann es nicht damit arbeiten. Du kennst vielleicht die Geschichte des Narren, der unter einer Laterne nach seinem Schlüssel für sein Haus sucht. Als er gefragt wird, wo er ihn verloren habe, antwortet er: »Sehr wahrscheinlich direkt vor meiner Haustür.« Auf die Frage, warum er denn dann nicht dort suche, erwidert er: »Dort ist es dunkel. Hier ist es hell.« [7] Wenn wir uns weigern, unser Leben so zu sehen, wie es ist, und uns stattdessen mit Arbeit, Träumen oder Fernsehen ablenken, dann machen wir es wie der Narr. Wir suchen überall nach dem Schlüssel zu unserem Glück, nur nicht da, wo er liegt.

Lass uns mit diesem Kapitel Licht vor unsere Haustür bringen. Es geht noch nicht darum, irgendetwas zu verändern, sondern simpel in dem anzukommen, was ist. Unser Leben ist niemals fertig. Wir sind ein lebendiger Prozess und wenn wir bereit sind, hin und wieder, am besten täglich, aus dem geistigen Raum des Planens und Schaffens auszusteigen und in der Gegenwart anzukommen, sind die Zeichen eigentlich offensichtlich.

Befinden wir uns im Einklang mit unserem Lebensweg und unseren Werten, werden wir uns auf eine lässige Weise zufrieden und dankbar fühlen. Wir erleben dann wenig Reibungsverlust in uns selbst und mit unserer Umgebung. Wir erfahren häufig Flow-Zustände. Unsere Gefühle sind meist im positiven Bereich. Der Körper spielt mit. Wir schlafen gut und brauchen tagsüber keine Aufputschmittel, weil uns die natürliche Euphorie eines stimmigen Alltags trägt.

Wenn wir vom Weg abkommen, erhöht sich die Reibung. In uns. Im Kampf zwischen Seele und Ego. Aber auch im Außen wird es zu mehr Widersprüchen und Konflikten kommen. Wir Männer* sind gut darin, unsere inneren Kämpfe auf äußere Baustellen zu verlagern. Wenn wir weniger Flow-Zustände erfahren, dafür mehr Ungeduld, Frust, Zorn, Sorgen oder Traurigkeit, ist dies immer ein Zeichen, dass wir gerade unsere Spur verloren haben. Essenzielle Bedürfnisse werden von uns nicht erkannt und können so auch nicht erfüllt werden. Irgendwann meldet auch unser Körper Warnsignale: Schmerzen, Krankheit, Übergewicht, wir schlafen unruhiger. Wenn wir das alles nicht wahrhaben wollen, arbeiten wir vielleicht noch mehr, trinken mehr Alkohol, greifen zu Aufputschmitteln oder lenken uns mit Medien ab.

Wir wollen immer gleich alles verändern, doch für jetzt lade ich dich ein, erst mal einfach nur anzukommen. Um die Power dessen zu verstehen, möchte ich dir gern die vier Phasen eines jeden schöpferischen Kreislaufs vorstellen.[8] Wir durchlaufen sie, bewusst oder unbewusst, innerhalb eines Projektes, im Laufe eines Tages, eines Jahres oder eines Lebens.

- **Die Phase des Nichts:** Wir tun nichts. Wir erlauben uns, nichts zu wissen. Wir gehen auf Empfang, zum Beispiel durch Meditation. Wir warten auf den nächsten starken Impuls.
- **Die Phase der Vision:** Wir geben den Impulsen Raum. Wir träumen. Wir denken groß und entwerfen neue Visionen.
- **Die Phase der Umsetzung:** Wir brechen die Vision in konkrete Ziele herunter. Wir setzen einen Plan auf. Wir handeln danach. Wir kreieren konkrete Ergebnisse.
- **Die Phase der Korrektur:** Wir halten inne. Wir legen die Ergebnisse auf den Prüfstand. Wir feiern die Erfolge. Wir analysieren die Fehler. Wir lernen dazu und korrigieren gegebenenfalls den Kurs.

In meiner Arbeit mit Männern* habe ich festgestellt, dass sich die meisten auf eine oder zwei dieser Phasen konzentrieren und die anderen gern ausblenden und überspringen. Es gibt die Meditations-freaks, die sich gar nicht mehr an der Welt beteiligen, sondern sich am liebsten nur noch im Frieden des großen Nichts ausruhen würden. Dann sind da die Träumer, die ganz genau wissen, wie sie die Welt verändern werden – aber, bitte schön, noch nicht heute. Die meisten Männer* haben sich auf das Umsetzen und Machen konzentriert. Wohl die wenigsten lieben die vierte und zugleich wichtigste Phase der Korrektur, denn sie stoppt uns (scheinbar) aus. Sie konfrontiert uns eventuell mit unangenehmen Erkenntnissen und Konsequenzen. Warum sollten wir hier also unsere Zeit verschwenden? Rennen wir doch lieber weiter: in den nächsten Kreislauf, ins nächste Projekt, in die nächste Beziehung, ins nächste Jahr …

Du ahnst es sicher schon. Die Korrekturphase ist keine Zeitver-schwendung, sondern die sinnvollste Art, die eigene Zeit zu investie-ren. Hier findet das Lernen statt. Hier, in Phase vier, können wir unser Leben sanft auf eine neue Entwicklungsebene heben. Hier heilen und reifen wir. Von hier aus können wir den unangenehmen, großen Kri-sen vorbeugen. Bevor wir uns also in den weiteren Kapiteln auch dei-nen Träumen und Zielen widmen, lass uns an dieser Stelle tief durch-atmen, alles aus der Hand legen und unser Leben betrachten. Lass uns die Siege feiern, den Reichtum dankbar anerkennen, aber eben auch die offenen Baustellen und Niederlagen nüchtern registrieren.

Wenn du dich auf diese Bestandsaufnahme einlässt, wirst du wahr-scheinlich eine erstaunliche Erfahrung machen. Zuerst wirst du spü-ren, dass du entspannter bist, weil dein Bewusstsein endlich nichts mehr verleugnen muss. Dann wirst du wahrnehmen, wie sich die Dinge aus sich heraus beginnen zu verändern. Denn wenn du deinem Bewusstsein erlaubst, in dem anzukommen, was ist, wird es seine vi-tale Intelligenz nutzen, um dich in die Balance zu bringen, deine Pro-bleme zu lösen und deine Bedürfnisse zu erfüllen. Es kann gar nicht anders. Das ist sein einziger Lebenszweck. Du musst es nur lassen.

Also, halte deinen D-Zug an. Atme ein paarmal tief durch und dann schau dich nüchtern in deinem Leben um.

SELBSTERFORSCHUNG UND UMSETZUNG

Was sind deine wichtigsten Erkenntnisse aus diesem Kapitel?

_____

_____

Was sind deine wichtigsten Schlussfolgerungen aus diesem Kapitel?

_____

Dein heutiges Leben – ein Ist-Check

Bewerte die folgenden Dimensionen deines Lebens auf einer Skala von 1 bis 5. Mach es ehrlich, es ist für dich.

(1 = ganz mies, 2 = unbefriedigend, 3 = befriedigend, 4 = gut, 5 = ausgezeichnet)

Der Körper

Meine körperliche Gesundheit erlebe ich derzeit:
☐ 1   ☐ 2   ☐ 3   ☐ 4   ☐ 5

Meine körperliche Fitness erlebe ich derzeit:
☐ 1   ☐ 2   ☐ 3   ☐ 4   ☐ 5

Mein körperliches Aussehen erlebe ich derzeit:
☐ 1   ☐ 2   ☐ 3   ☐ 4   ☐ 5

Der Geist

Meine geistige Fitness erlebe ich derzeit:
☐ 1   ☐ 2   ☐ 3   ☐ 4   ☐ 5

Meine geistige Klarheit erlebe ich derzeit:
☐ 1   ☐ 2   ☐ 3   ☐ 4   ☐ 5

Mein Konzentrationsvermögen erlebe ich derzeit:
☐ 1   ☐ 2   ☐ 3   ☐ 4   ☐ 5

Die Skala der Emotionen

Wir alle haben tagsüber emotionale Schwankungen. Aber wo ist meistens dein Schwerpunkt? Kreuze ihn an.

Frieden	☐	
Freude/Liebe	☐	
Vertrauen/Dankbarkeit	☐	**positive Energie**
Optimismus/Hingabe	☐	
Mut/Integrität	☐	
Zufriedenheit	☐	
Langeweile/neutrale Gefühle	☐	**neutral**
Stolz/Arroganz	☐	
Wut/Ärger	☐	
Gier/Neid/Groll	☐	
Angst/Zweifel	☐	**negative Energie**
Kummer/Apathie	☐	
Schuld/Scham	☐	

In Anlehnung an David R. Hawkins: *Die Ebenen des Bewußtseins. Von der Kraft, die wir ausstrahlen.* VAK, 2014.

Die Emotionen

Meine emotionale Ausgewogenheit erlebe ich derzeit:

☐ 1 ☐ 2 ☐ 3 ☐ 4 ☐ 5

Das Ausmaß von Freude und Zufriedenheit erlebe ich derzeit:

☐ 1 ☐ 2 ☐ 3 ☐ 4 ☐ 5

Grad der Motivation, die Dinge zu tun, die täglich anstehen

☐ 1 ☐ 2 ☐ 3 ☐ 4 ☐ 5

Der Lebensplan

Klarheit meiner Visionen und Ziele für die kommenden Jahre

☐ 1 ☐ 2 ☐ 3 ☐ 4 ☐ 5

Klarheit in meinen Werten

☐ 1 ☐ 2 ☐ 3 ☐ 4 ☐ 5

Klarheit über die Verwirklichung meiner Visionen und Werte

☐ 1 ☐ 2 ☐ 3 ☐ 4 ☐ 5

Die gegenwärtige Arbeit

Erfolg und Wirksamkeit meiner Arbeit

☐ 1 ☐ 2 ☐ 3 ☐ 4 ☐ 5

Grad der Erfüllung in meiner Arbeit

☐ 1 ☐ 2 ☐ 3 ☐ 4 ☐ 5

Zukunftssicherheit meiner Arbeit

☐ 1 ☐ 2 ☐ 3 ☐ 4 ☐ 5

Soziale und ökologische Nachhaltigkeit meiner Arbeit

☐ 1 ☐ 2 ☐ 3 ☐ 4 ☐ 5

Der weltliche Erfolg

Zufriedenheit mit meinem finanziellen Erfolg

☐ 1 ☐ 2 ☐ 3 ☐ 4 ☐ 5

Zufriedenheit mit dem Grad der Anerkennung durch andere

☐ 1 ☐ 2 ☐ 3 ☐ 4 ☐ 5

Zukunftssicherheit mit dem Unterschied, den ich bewirke

☐ 1 ☐ 2 ☐ 3 ☐ 4 ☐ 5

Die Achtung von Bedürfnissen

Wie gut verstehe und achte ich mich und meine Bedürfnisse?

☐ 1 ☐ 2 ☐ 3 ☐ 4 ☐ 5

Wie zufrieden bin ich mit mir?

☐ 1 ☐ 2 ☐ 3 ☐ 4 ☐ 5

Wie liebevoll gehe ich mit mir um?

☐ 1 ☐ 2 ☐ 3 ☐ 4 ☐ 5

Die Liebesbeziehung (wenn vorhanden)

Nähe und Freude in dieser Beziehung

☐ 1 ☐ 2 ☐ 3 ☐ 4 ☐ 5

Geistige Nähe

☐ 1 ☐ 2 ☐ 3 ☐ 4 ☐ 5

Meine erotisch-sexuelle Erfülltheit

☐ 1 ☐ 2 ☐ 3 ☐ 4 ☐ 5

Ehrlichkeit in der Beziehung

☐ 1 ☐ 2 ☐ 3 ☐ 4 ☐ 5

Die Beziehung zu den eigenen Kindern (wenn vorhanden)

Nähe und Freude in dieser Beziehung

☐ 1 ☐ 2 ☐ 3 ☐ 4 ☐ 5

Geistige Nähe

☐ 1 ☐ 2 ☐ 3 ☐ 4 ☐ 5

Vertrauen und Respekt

☐ 1 ☐ 2 ☐ 3 ☐ 4 ☐ 5

Die berufsbedingte Beziehung zu Menschen

Teamfeeling und Freude in dieser Beziehung

☐ 1 ☐ 2 ☐ 3 ☐ 4 ☐ 5

Geistige Nähe und Vertrauen

☐ 1 ☐ 2 ☐ 3 ☐ 4 ☐ 5

Ehrlichkeit

☐ 1 ☐ 2 ☐ 3 ☐ 4 ☐ 5

Spiritualität und Achtsamkeit

Verbundenheit mit einem tieferen Sinn im Leben

☐ 1 ☐ 2 ☐ 3 ☐ 4 ☐ 5

Spirituelle Weltsicht, die mich erfüllt und trägt

☐ 1 ☐ 2 ☐ 3 ☐ 4 ☐ 5

Achtsamkeit

☐ 1 ☐ 2 ☐ 3 ☐ 4 ☐ 5

Dankbarkeit

Für welche Aspekte deines Lebens bist du gerade besonders dankbar?

_____

_____

Offene Baustellen

Mit welchen Aspekten deines Lebens bist du gerade besonders unzufrieden? Wo siehst du deine offenen Baustellen?

_____

_____

Niederlagen und Siege

Denke über die letzten zehn Jahre deines Lebens nach. Liste alle markanten Ereignisse auf, die du als Niederlagen/Fehler und Siege/Gewinne bezeichnen würdest. Nimm dir Zeit dafür. Es muss nicht in korrekter zeitlicher Reihenfolge sein. Schreibe sie so auf, wie sie dir einfallen. Erweitere diese Liste ruhig um weitere Blätter.

Ereignis: _____
☐ Sieg   ☐ Niederlage
Meine Gedanken dazu: _____

Ereignis: _____
☐ Sieg   ☐ Niederlage
Meine Gedanken dazu: _____

Ereignis: _____
☐ Sieg   ☐ Niederlage
Meine Gedanken dazu: _____

Bilanz ziehen

Wenn du deine letzten zehn Lebensjahre betrachtest, worauf bist du besonders stolz und was bereust du?

Wenn du den Mann*, der du heute bist, aus der Position eines nüchternen, genauen Beobachters sehen würdest, wie würdest du ihn und seine gegenwärtige Lebenssituation beschreiben?

Hast du gerade offene Lebensfragen? Wenn ja, welche?

Was wünschst du dir gerade am allermeisten?

Deine Wünsche an dieses Buch

Was möchtest du durch die Lektüre des Buches klären oder verändern?

Empfehlungen zur Vertiefung

Ritual: Ein Date mit dir selbst

Wie wäre es, wenn du die Lektüre dieses Buches wie den Beginn eines neuen Lebensabschnitts ganz bewusst und zeremoniell eröffnest? Mein Tipp: Verabrede dich mit dir selbst zu einem Date. Allein. Ohne Arbeit. Ohne Smartphone. Geh gut essen oder an einen Kraftplatz in der Natur. Nimm dir ein Tagebuch, einen Stift und dieses Buch mit. Schreibe dir selbst einen Brief. Schnörkellos, ehrlich, aus dem Herzen. Wo stehst du in deinem Leben? Was gibt es anzuerkennen? Was willst du hinter dir lassen? Und was wünschst du dir für die kommenden Jahre deines Lebens? Schreibe dir selbst so, als wenn du deinem besten Freund oder einem geliebten Bruder schreibst. Dann nimm dir noch etwas Zeit und beantworte die Fragen dieses Kapitels im Buch. Der Inhalt wird viel tiefer und nachhaltiger wirken, wenn du den Praxisteil schriftlich beantwortest.

Downloadbereich:

- Unter go.homodea.com/king findest du einen vertiefenden Vortrag »King is back«, der dich noch mehr auf das Buch und seine Kernthesen einschwingt.

Kurstipp:

- Zu diesem Buch existiert ein gleichnamiger Onlinekurs mit vielen inspirierenden Videos, Interviews und einem geschlossenen Austauschbereich für Männer* auf www.homodea.com.

Buchtipp:

- Veit Lindau: *Genesis. Die Befreiung der Geschlechter.* GRÄFE UND UNZER Edition, 2021

Deine Wurzeln erforschen

 These: Um zu verstehen, wer wir sind und wohin wir uns entwickeln wollen, ist es wichtig, unsere Vergangenheit zu begreifen. Wenn du hoch hinausmöchtest, erforsche, heile und ehre deine Wurzeln.

Wenn ich dich heute unter vier Augen fragen würde, wer du bist, wie würde deine ehrlichste und genaueste Antwort lauten? Ich meine damit nicht deinen Namen, dein Alter oder deinen Beruf, sondern dein tieferes Selbstverständnis. Alles, wirklich alles andere in deinem Leben baut darauf auf, wer du bist: der Sinn, den du deinem Wirken gibst; wie du Beziehungen definierst; welche Ziele du für erstrebenswert hältst; welche Rolle Geld, Anerkennung etc. in deinem Leben spielen sollen. Dein Verständnis davon, wer du bist, entscheidet alles.

Wie ist es möglich, dass eine zumindest wissenschaftlich und technologisch weit entwickelte Spezies wie der Mensch so wenig Energie, Zeit und Geld in die meines Erachtens entscheidenden Fragen des Lebens investiert? Es ist, als wenn Milliarden Menschen in einem labyrinthartigen Spiel geboren werden und dann einfach wie wild loswuseln und ihre unschätzbar wertvolle Lebenszeit in alle möglichen Beschäftigungen und Dramen investieren, ohne sich jemals bewusst und konsequent zu fragen: *Stopp mal, wer ist es eigentlich, der dieses Spiel spielt? Wer ist es, der leidet und glücklich ist? Wer ist es, der liebt und stirbt?* Uns wird von Beginn an eine Menge darüber erzählt, wer wir sein sollen. Wir lernen sehr viel durch Nachahmung, wer unsere Eltern und all die anderen glauben zu sein. Die Schule, die Gesellschaft, die Medien, die Werbung, die Kirche, ja und meist auch unsere Partner*innen reden quasi ununterbrochen auf uns ein und versuchen, unser Selbstbild, unsere Werte und unsere Rollen zu bestimmen. Doch wie absurd und tragisch ist ein Leben, dessen Hauptfigur nie auf die Idee kommt, die

Ohren nach außen zu verschließen und der Frage »Wer bin ich?« mutig nach innen zu folgen?

In *Genesis*[9] erforsche ich diese Frage in drei sehr großen Dimensionen: der kosmischen (in der wir alle konsequenterweise Ergebnisse des Urknalls sind), der alchemistischen (in der wir ein einzigartiger Mix von Eros und Logos, Animus und Anima[10] sind) und der historischen (in der wir den Einfluss von 10 000 Jahren Patriarchat auf unsere Gegenwart betrachten). Heute und hier lade ich dich ein, dir der offensichtlichen Wurzeln deines aktuellen Lebens bewusst zu werden – deiner Eltern.

Ich bin kein Freund von zwanghaftem Suhlen in vergangenen Geschichten. Ich glaube auch nicht, dass es für die Entfaltung unserer vollen Kraft hilfreich ist, die Fehler unserer Mütter und Väter für unser Schicksal verantwortlich zu machen. Doch irgendwann erkannte ich, dass ich mich nicht ausreichend verstehen und annehmen kann, solange ich mich nicht mit meiner Herkunft auseinandersetze. Wenn ich im Folgenden von Mutter und Vater spreche, meine ich sowohl deine leiblichen Eltern als auch alle anderen Erwachsenen, die diese Rollen für dich eingenommen haben. Meine Tochter ist zum Beispiel nicht meine physische Tochter. Ich habe die Vaterrolle aus vollem Herzen übernommen, als sie drei war. Das heißt, sie muss sich, wenn sie ihre Beziehung zu Männern* und zu ihrem inneren Animus verstehen will, mit zwei Typen auseinandersetzen. Wer war es bei dir und hast du dir schon einmal die Zeit genommen, dir allein oder in einer Therapie anzuschauen, wie dich deine Kindheit geprägt hat? Das ist gesund und wirksam, denn das waren deine primären Bezugspersonen. Sie haben – ob du willst oder nicht – deine Vorstellung von Beziehung, Frauen* und Männern* und dein eigenes Selbstbild massiv geprägt.

Welches Bild von Männern* hat dir dein Vater vermittelt?
Wie beeinflusst deine Mutter deine Beziehung zu Frauen*?
Welche Glaubenssätze über Frauen*, Männer* und

Beziehungen wurden dir vermittelt, die wertvoll und weise
sind, und welche bremsen dich aus und kreieren Leid?

Dieses Buch hat keinen therapeutischen Anspruch, doch gründliches Innehalten und Reflektieren wirken zutiefst heilsam. Unsere Wurzeln sind vielleicht nicht perfekt gewesen, doch wir müssen sie verstehen. Denn nur so können wir bewusst entscheiden, welche Anteile unseres Erbes wir für wertvoll erachten und weiterentwickeln und welchen wir konsequent und nachhaltig die Nahrung entziehen wollen. Ich habe viele starke Tugenden von meinem Vater vermittelt bekommen: die Familie zu beschützen, mit Fleiß etwas aufzubauen und für das, was mir heilig ist, auch Opfer und Schmerz ertragen zu können. Ich habe mir aber auch Dinge von ihm abgeschaut, die ich nicht weitergeben möchte: eine harte Strenge zu mir selbst und anderen, aufbrausende Wut als Reaktionsmuster in Konflikten und die typische Machohaltung alter weißer Männer*. Ich kann das hier so offen schreiben, weil wir uns dazu ehrlich austauschen. Unsere Beziehung war – vorsichtig ausgedrückt – komplex. Da war viel Bewunderung, aber auch Angst, Aufbegehren und später Verachtung. Ich habe meinem Vater lange Zeit bestimmte Situationen und Verhaltensweisen nachgetragen, was unter anderem dazu führte, dass ich von Männern* eine schlechtere Meinung hatte als von Frauen*. Auch meine Mutter und ihre ungelösten Konflikte mit meinem Vater prägten mich stark. Instinktiv wollte ich sie retten. Es besser machen als mein Vater. So wurde ich zum klassischen Frauenversteher. Irgendwann wurde mir klar, was das für mich selbst bedeutet. Meine angespannte Beziehung zu Männern* und Männlichkeit hinderte mich daran, voll in meine Power zu kommen, und erschwerte es mir logischerweise, starke Männerfreundschaften aufzubauen. Also reiste ich in meine Vergangenheit zurück, um meine Kindheit und die dadurch geprägten Muster zu verstehen. Auch heute noch finde ich es peinlich bis nervend, wenn sich mein Schattenkind meldet, um entweder wie mein Vater zu wüten oder wie meine Mutter schmollen zu wollen. Doch ich bin im Frieden damit.

Unsere Ahnen haben den Staffelstab an uns übergeben. Es liegt an uns, unserem System ein frisches Update zu verpassen und neue, freiere Muster zu entwickeln. Das können wir jedoch paradoxerweise nur, wenn wir vorher annehmen, woher wir kommen. Solange wir die alten Glaubenssätze und Muster nicht aufdecken, werden sie uns manipulieren und begrenzen, ohne dass wir es bemerken.

Mir geht es weder darum, dass du alles schönredest, was du mit deinen Eltern erlebt hast, noch darum, dass du sie für immer anklagst. Natürlich kann es therapeutisch sehr heilsam sein, erst mal richtig abzukotzen und zu trauern, wenn du mit deinen Eltern auch echten Shit und Enttäuschung erlebt hast. Doch irgendwann wirst du ihnen vergeben müssen. Für ihren Seelenfrieden, aber vor allem für dich.

Denn solange du deine Vergangenheit als einen Fehler ansiehst,
wirst du dich unbewusst als einen Fehler betrachten.

Deshalb möchte dich einladen, sogar ein ganzes Stück weiter zurückzureisen – in die Kindheit deiner Eltern. Denn mal ganz ehrlich: Ist es nicht ganz schön arrogant, mit einer langen inneren Mängelliste über diese zwei Menschen herumzulaufen, ohne sie wirklich zu kennen? Denn hier kommen die Breaking News: Die Leben deiner Mutter und deines Vaters fingen lange vor dir an. Auch sie waren einmal unschuldige Kinder, voller Hoffnung und Wünsche. Auch sie hatten wahrscheinlich unvollkommene, zum Teil ignorante Eltern. Auch sie wurden verletzt und verunsichert, haben viele Gefühle einfach geschluckt, vieles nicht verstanden.

Meine erwachsene Beziehung mit meinen Eltern fing an, als ich ihre Vergangenheit erforschte. Von Krieg, Hunger, Scheidung und Waisenhaus zu hören, relativiert sehr viel. Ich habe mich im Nachgang für einige Briefe, die ich während meiner therapeutischen Aufarbeitung schrieb, geschämt. Daher sage ich dir aus Erfahrung: Bevor du jemanden verurteilst, lerne seine Geschichte kennen. Meist macht dann alles, was dich eben noch so nervte, viel mehr Sinn. Du siehst plötzlich das größere Bild. Du erkennst, wie im Laufe von Jahrtausenden Leid und Glück, Weisheit und absurde Glaubenssätze, Liebe und Traumata von Generation zu Generation weitergegeben werden. Sei daher das Glied in deiner Ahnenkette, welches Vergebung und Frieden und darauf aufbauend echten Fortschritt bringt. Darauf aufbauend und wirklich erst dann kannst du dich fragen, was für ein Mann* du in Zukunft sein möchtest.

Nimm dir Zeit, über deine Eltern und deine Kindheit nachzudenken. Erforsche, wie sie deine Vorstellung von dir und deinem Mannsein geprägt haben. Schließe Frieden mit deinen Wurzeln. Erkenne den guten und den destruktiven Part deines Erbes an. Entscheide, was du von hier aus fördern und was du loslassen willst. Und dann ... mach es besser!

SELBSTERFORSCHUNG UND UMSETZUNG

Was sind deine wichtigsten Erkenntnisse aus diesem Kapitel?

Was sind deine wichtigsten Schlussfolgerungen aus diesem Kapitel?

Versteckte Glaubenssätze

Lies dir die folgenden Satzanfänge laut vor und vervollständige sie, *ohne nachzudenken*. So kommst du deinen unbewussten Glaubenssätzen auf die Spur.

Männer* sind _____

Männer* müssen _____

Männer* dürfen nicht _____

Was ich an Männern* liebe, ist _____

Was ich an Männern* hasse, ist _____

Mein Mannsein ist _____

Ich schäme mich dafür, dass _____

Ich muss immer _____

Frauen* sind _____

Frauen* können nicht _____

Was ich an Frauen* liebe, ist _____

Was ich an Frauen* hasse, ist _____

Mein Vater hat immer _____

Meine Mutter hat immer _____

Mein Vater hat niemals _____

Meine Mutter hat niemals _____

Was ich immer von meinem Vater wollte, war _____

_____

Was ich immer von meiner Mutter wollte, war _____

_____

Was ich am meisten bei meinem Vater gefürchtet habe, war _____

_____

Was ich am meisten bei meiner Mutter gefürchtet habe, war _____

_____

Wovor ich am meisten Angst habe, ist _____

_____

Ich möchte nicht, dass andere Menschen Folgendes von mir wissen:

_____

Was ich jetzt für mich möchte, ist _____

Was ich jetzt tun werde, ist _____

_____

Die Beziehung zu deinem Vater

Eine klare und gelöste Beziehung zu deinem Vater ist wesentlich, um allen Männern* authentisch und frei begegnen zu können. Dein Vater war immerhin der erste Mann* in deinem Leben. Deine Urteile über ihn haben deine Beziehung zu Männern* entscheidend geprägt, inklusive deiner Beziehung zu dir selbst. Wenn du mit deinem Vater eine Rechnung offen hast, wird es dir schwerfallen, dein eigenes Mannsein voll zu entfalten. Väter sind unser Tor zu wichtigen Bereichen des Lebens und haben einige Dimensionen in deinem Leben geprägt, zum Beispiel:

- o dein Verständnis deines Mannseins und deine Beziehung zu Männern*
- o deinen Umgang mit Autoritäten und Regeln
- o deine Selbstdisziplin und Integrität
- o deine Vision und deinen Erfolg

Ist deine Beziehung zum väterlichen Prinzip gestört, wirst du sehr wahrscheinlich in diesen Bereichen Blockaden erfahren. Es geht nicht darum, etwas schönzureden. Die Dinge waren so, wie sie waren. Punkt. Doch welche Urteile hast du aufgrund deiner Erfahrungen über deinen Vater und Männer* im Allgemeinen getroffen? Welches Urteil hast du über die Liebe deines Vaters zu dir getroffen? Und wie beeinflusst dieses Urteil auch heute noch alle deine Beziehungen? Wie viel weißt du darüber, wie dein Vater aufgewachsen ist? Wenn du die Wurzeln deines Vaters verstehst, kann allein das deine Urteile über ihn stark relativieren.

Reflexionsfragen

Wie ist die Beziehung zu meinem Vater?

_____

_____

Wie hat mein Vater meine Vorstellung von Mannsein geprägt?

_____

_____

_____

Was hat mich mein Vater über Männer* gelehrt?

_____

_____

_____

Welche negativen Eigenschaften und Handlungen habe ich bei meinem Vater erlebt? Habe ich diese übernommen oder kämpfe ich dagegen an?

_____

_____

_____

Was sind die Geschenke meines Vaters an mich? Wofür bin ich ihm dankbar?

_____

_____

_____

Wo erlebe ich heute immer noch den Einfluss dieser Beziehung?

_____

_____

_____

Gibt es etwas, das ich meinem Vater vorwerfe?

_____

_____

Gibt es etwas, das ich meinem Vater unbedingt noch kommunizieren möchte, bevor er stirbt? (Falls er bereits tot ist: Gibt es etwas, das ich ihm gern gesagt hätte?)

_____

_____

_____

Die Beziehung zu deiner Mutter

Das Wesen, das du Mutter nennst, steht am Anfang deiner Beziehung zu allen Frauen*. Die Beziehung zu deiner Mutter war darüber hinaus deine Initiation in die elementaren Themen des Lebens:

- Was ist eine Frau*?
- Was ist Liebe?
- Was ist Nähe? Was bedeutet es, zu vertrauen und sich zu öffnen?

Wenn die Beziehung zu deiner Mutter durch Groll belastet ist, zahlst du einen hohen Preis dafür: Ein Teil von dir hat sich seitdem nicht weiterentwickelt. Dieser Teil ist immer noch genauso alt wie damals, als du begannst, deiner Mutter zu grollen. Dieser unterentwickelte Teil kommt manchmal zum Vorschein und du fühlst dich in bestimmten Momenten genauso alt wie damals. Dieser Teil ist es auch, durch den du in deinen aktuellen Beziehungen zu Frauen* manchmal zum kleinen Jungen regredierst.

Deine Urteile über deine Mutter prägen deine Beziehung zu allen Frauen*. Deine Urteile über deine Mutter prägen auch deine Erfahrungen von Liebe, Nähe und Vertrauen in allen anderen Beziehungen. Falls du als Kind zu dem Urteil gekommen bist, dass deine Mutter, dein Begrüßungswesen auf diesem Planeten, dich nicht vollkommen und bedingungslos geliebt hat, stelle dich zusätzlich den folgenden Fragen:

Wie wirkte sich das auf dein Selbstverständnis aus?
Welche Schlussfolgerung über deinen Wert hast du daraus gezogen?
Welches Urteil hast du über die Liebe in menschlichen Beziehungen getroffen?
Wie prägt es auch heute noch dein Vertrauen in die Existenz?
Wie natürlich und frei erfährst du Nähe zu anderen Menschen?

Frieden in der Beziehung zu den eigenen Eltern zu finden, ist für manchen von uns eine Lebensaufgabe. Doch welche Alternative hast du, außer dich diesem Heilungsprozess zu öffnen? Bist du derjenige in deiner Familie, der Frieden bringt?

Reflexionsfragen
Wie ist die Beziehung zu meiner Mutter?

_____

_____

Wo erlebe ich heute immer noch den Einfluss dieser Beziehung?

_____

_____

_____

Was hat mich meine Mutter über Frauen* gelehrt?

_____

_____

_____

Wie hat meine Mutter positiv oder negativ mein Mannsein beeinflusst?

_____

_____

_____

Gibt es etwas, das ich meiner Mutter vorwerfe?

_____

_____

_____

_____

Was sind die Geschenke meiner Mutter an mich? Wofür bin ich ihr dankbar?

_____

_____

Gibt es etwas, das ich meiner Mutter unbedingt noch kommunizieren möchte, bevor sie stirbt? (Falls sie bereits tot ist: Gibt es etwas, das ich ihr gern gesagt hätte?)

_____

_____

_____

Gesellschaftlicher und sozialer Hintergrund

Wie haben die gesellschaftlichen Verhältnisse meiner Kindheit und Jugend mein Verständnis von Mannsein und Männern* geprägt?

_____

_____

Wie haben die Männer* in meiner Familie mein Verständnis von Mannsein und Männern* geprägt?

_____

_____

Was waren oder sind meine abstoßendsten, negativsten Vorbilder von Mannsein und Männern* und warum?

1. negatives Vorbild: _____

Was stößt mich daran ab? _____

Was habe ich daraus über Männer* und für mich geschlussfolgert?

_____

_____

2. negatives Vorbild: _____

Was stößt mich daran ab? _____

Was habe ich daraus über Männer* und für mich geschlussfolgert?

_____

_____

3. negatives Vorbild: _____

Was stößt mich daran ab? _____

Was habe ich daraus über Männer* und für mich geschlussfolgert?

_____

_____

Was waren oder sind meine attraktivsten, positivsten Vorbilder von Mannsein und Männern* und warum?

1. positives Vorbild: _____

Was zieht mich daran an? _____

Was habe ich daraus über Männer* und für mich geschlussfolgert?

_____

_____

2. positives Vorbild: _____

Was zieht mich daran an? _____

Was habe ich daraus über Männer* und für mich geschlussfolgert?

_____

_____

3. positives Vorbild: _____

Was zieht mich daran an? _____

Was habe ich daraus über Männer* und für mich geschlussfolgert?

_____

_____

Männlichkeits-Upgrade

Folgende Glaubenssätze über mich und Männer*, aber auch Eigenschaften und Verhaltensweisen möchte ich ablegen:

_____

_____

_____

_____

Folgende Glaubenssätze über mich und Männer*, aber auch Eigenschaften und Verhaltensweisen möchte ich stärken:

_____

_____

_____

_____

Empfehlungen zur Vertiefung

Ritual: Frieden mit deinen Wurzeln

Auch wenn dieses Ritual scheinbar einfach wirkt, weiß ich von mir selbst und vielen meiner Klient*innen um seine tiefgreifende und nachhaltig positive Wirkung. Nimm dir etwas Zeit und Ruhe und schreibe einen Brief an deine Eltern – egal, ob sie noch leben oder nicht. Ideal ist es, wenn du vorher die beiden Meditationen »Heile deine Wurzeln – Vater« und »Heile deine Wurzeln – Mutter« (s. Downloadbereich) gehört hast. Der Brief ist primär für dich. Schreib deinen Eltern, wofür du ihnen dankbar bist – für bestimmte Momente, Qualitäten, Werte und Überzeugungen. Schreib ihnen auch, was dir eventuell noch offen ist, was wehtut. Was hättest du dir anders gewünscht? Was hat dir gefehlt? Welche begrenzenden Glaubenssätze und Verhaltensmuster möchtest du nicht von ihnen übernehmen? Welches Drama aus deiner Ahnenkette soll in deinem Glied sein Ende finden? Welche falsche Verantwortung (etwa dein Leben für deine Eltern auszubremsen) möchtest du an deine Eltern zurückgeben? Schreib dir alles von der Seele, bis du dich vollständig und in Frieden fühlst.

Noch einmal: Der Brief ist vor allem für dich. Wenn du fertig bist, verbrenne ihn und stell dir dabei vor, wie du alle unguten Verbindungen zwischen deinen Eltern und dir mit auflöst. Vielleicht ist dir danach so, einen anerkennenden, liebevollen Brief an sie zu schreiben oder mit ihnen zu sprechen.

Um vom Jungen zum Mann* zu reifen, ist es wichtig, dass du deine Vergangenheit akzeptierst und verstehst, dass deine Eltern ihr Bestes gegeben haben. Jetzt bist du dran. Mach es besser.

Downloadbereich:

- Unter go.homodea.com/king findest du die zwei geführten Meditationen »Heile deine Wurzeln – Vater« und »Heile deine Wurzeln – Mutter« zum Verstehen und Heilen dieser Beziehungen. Sie tun beide sehr gut!

Buchtipps:

- Ulrich Duprée: *Das Wunder der Vergebung. Ho'oponopono – Das hawaiianische Ritual für inneren Frieden.* Kailash, 2013
- Colin C. Tipping: *Ich vergebe. Der radikale Abschied vom Opferdasein.* Kamphausen Media GmbH, 2020

Filmtipp:

- Rob Cowan (Produktion); Irwin Winkler (Regie): *Das Haus am Meer.* 2001

Dein wertvollstes Werkzeug achten

 These: Männer* beuten ihren Körper oft wie eine Leistungs-maschine aus – genau wie sich selbst. Doch in Wahrheit ist der Körper ein Wunder und solange wir leben, untrennbar mit unserer Seele verbunden. Wie wir ihn behandeln, sagt sehr viel über den Grad unserer Selbstliebe aus.

Ich beginne mit einer vielleicht etwas ungewöhnlichen Aufforderung: Wenn du gerade allein bist, zieh einmal deine Schuhe und Socken aus. Wie sehen deine Füße aus? Ich meine nicht ihre Form, sondern ob und wie sie gepflegt sind. Ich habe keine zuverlässigen Statistiken. Doch wann immer ich bei Barfußgelegenheiten (am Strand, im Sport) die Füße von Männern* sehe, entsteht für mich der Eindruck, dass die Hälfte aller Kerle ihre Füße nicht pflegt. Ich bin kein Fußfetischist, doch unsere Beziehung zu ihnen ist ein gutes Beispiel für das Thema dieses Kapitels: dein Körper und deine Verbindung zu ihm.

Wie würdest du deine Beziehung zu deinem Körper beschreiben? Bewohnst du ihn liebevoll oder benutzt du ihn relativ hart und emotionslos? Achtest du seine Signale und versorgst du ihn weise mit dem, was er braucht? Pflegst du ihn? Die wenigsten Männer*, mit denen ich über dieses Thema gesprochen habe, konnten aufrichtig sagen, dass sie ihren Körper achten, geschweige denn lieben. Unser Auto bekommt manchmal mehr Aufmerksamkeit. Die meisten Männer* benutzen ihren Körper wie ein Werkzeug, das selbstverständlich zu funktionieren hat.

Spätestens nach meiner kurzen Zeit im Medizinstudium, während dessen wir uns jeden Montag im Anatomiesaal trafen und eine Leiche Schicht für Schicht sezierten, weiß ich, dass unser Körper ein absolutes Wunder ist. Wissenschaftler*innen mögen ihn bis in alle kleinsten

Teile genau erforscht haben, doch mich persönlich bringt er in seiner Gesamtkomposition, mit seiner komplexen Intelligenz und mit seinem Instinkt immer wieder zum Staunen. Ich glaube nicht, dass wir unsere Körper sind, doch wir sind, solange wir auf Erden leben, untrennbar mit ihnen verbunden. Die Medizin spricht vom *Embodiment* – der engen Verflechtung von Geist und Körper. Was du heute gegessen hast, ob und wie du dich bewegt hast, welche Haltung du jetzt gerade beim Lesen dieser Zeilen einnimmst, dies alles beeinflusst massiv die Qualität deiner Gedanken und Gefühle. Durch Meditation können wir beispielsweise lernen, über den Verstand gezielt die Ausschüttung von Stresshormonen zu senken und die Regenerationsprozesse im Körper anzuregen.

Ich glaube, dass die Art, wie du deinen Körper behandelst, sehr viel über deine Beziehung zu dir selbst aussagt. Er kann ein Ausdruck der Balance und Freude sein, die wir im Leben gefunden haben, oder ein Schlachtfeld unserer nicht gelösten Konflikte. Bist du bereit, dieses Kapitel zu nutzen, um deinem Körper eine respektvolle Freundschaft anzubieten – basierend auf Ehrlichkeit und einem Mindestmaß an Wissen über seine Bedürfnisse? Wenn wir uns T-Shirts mit der Aufschrift »Ein Mann* ohne Bauch ist kein echter Mann*« anziehen, ist das Selbstverarsche. Denn unsere Bierwampe ist kein Symbol von Power, egal, wie oft wir uns das von unseren anderen, wahrscheinlich auch übergewichtigen Kumpels bestätigen lassen. Sie legt – bis auf wenige medizinisch begründete Ausnahmen – Zeugnis ab von verpassten Abfahrten, vergessenen Träumen, in Alkohol ertrunkenen Emotionen und mangelnder Disziplin. Natürlich, es ist immer erst mal bequemer, uns unseren Status quo schönzureden, als den Finger in die Wunde zu legen. Ich schreibe dir nicht als perfekter Saubermann, der alles in seinem Leben im Griff hat. Ich habe auch Wege, meinen Körper zu verraten und auszubeuten. Ich weiß genau, wie unangenehm es ist, in den Spiegel zu schauen und die Dinge beim Namen zu nennen.

Es geht nicht nur darum, unseren Körper gesund und fit zu halten, sondern wie wir ihn von innen heraus bewohnen. Ich kenne einige

Männer*, die regelmäßig trainieren, sich optimal ernähren und den Body mit Biohacking optimieren. Doch die alles entscheidende Frage ist: Warum machen sie das? Damit sie noch mehr schuften können oder die anderen sie bewundern? Oder machen sie es wirklich für sich? Machen sie es hart, zwanghaft und leistungsbesessen? Oder sanft, liebevoll und voller Neugier?

Achte heute beim Laufen und Arbeiten einmal darauf, ob du dich fest mit deinem Körper verankert fühlst. Oder schwebst du, leicht distanziert von ihm, in deinem Verstand oder absorbiert von Displays? Nimmst du die Wege, die du gehst, mit all deinen Sinnen wahr oder hetzt du sie gedankenverloren entlang?

Ich stand lange Zeit auf Kriegsfuß mit meinem Körper. In der Schulzeit gehörte ich nicht zu den muskulösen, sportlichen Typen. Ich war ungelenk und wurde von den Mädchen eher ignoriert. Ich bin mit Sprüchen wie »Ein Indianer kennt keinen Schmerz!« aufgewachsen und habe irgendwann gelernt, meinen Selbstwert zu steigern, indem ich meinen Body formte und ständig über Grenzen pushte. Er war dabei eher mein Gegner als mein Freund. Denn ich empfand ihn als unvollkommen und mich nervte seine Angreifbarkeit durch Schmerzen und Krankheit. Ich hatte eine eher wütende, ungeduldige Beziehung zu ihm. Als ich vor mittlerweile dreißig Jahren an meinem ersten Meditationsretreat teilnahm, erhoffte ich mir eine außerkörperliche Erfahrung. Doch das Gegenteil war der Fall. Zehn Tage lang *musste* ich täglich eine Stunde sitzen und meinen Körper beobachten. Ich bin damals fast explodiert. Doch als ich mich schließlich hingab, tauchte ich durch Schichten der Verleugnung und der Abwehr wohl zum ersten Mal seit meiner Kindheit wieder richtig in meinen Körper ein. Damit war es natürlich nicht getan. Doch seitdem lernen wir uns immer besser kennen und ich schätze ihn nicht nur als einen Quell der Freude und ein Werkzeug des Wirkens, sondern auch als einen spirituellen Weg des Erwachens. Jede Lektion des Lebens, jede Weisheit, nach der du suchst, ist auch in deinem Körper gespeichert. Er kann dich Achtsamkeit und Demut lehren und dich mit Ekstase und Freiheit beschenken.

Mein Körper ist jetzt 52 Jahre alt. So lange habe ich gebraucht, um ihn gut kennenzulernen, seine Bedürfnisse und Signale zu verstehen. Ich liebe es immer noch, ihn über sein Limit zu pushen. Doch ich mache es wesentlich sanfter, eher mit Forscherneugier als mit Leistungsdruck.

Wie sieht es bei dir aus? Nutze die folgenden Fragen, um deine Beziehung zu deinem Körper zu beleuchten und noch mehr in ihm anzukommen.

Es klingt vielleicht abgedroschen, doch solange du lebst,
ist dein Körper der Tempel deiner Seele. Ehre ihn dafür.

SELBSTERFORSCHUNG UND UMSETZUNG

Was sind deine wichtigsten Erkenntnisse aus diesem Kapitel?

_____

_____

_____

_____

Was sind deine wichtigsten Schlussfolgerungen aus diesem Kapitel?

_____

_____

_____

_____

Überzeugungen in Bezug auf deinen Körper

Lies dir die folgenden Satzanfänge laut vor und vervollständige sie, *ohne nachzudenken*. So kommst du deinen unbewussten Glaubenssätzen auf die Spur.

Mein Körper ist _____

Meine Beziehung zu meinem Körper ist _____

Männliche Körper müssen _____

Männliche Körper dürfen nicht _____

Was ich an meinem Körper liebe, ist _____

Was ich an meinem Körper ablehne, ist _____

Ich schade meinem Körper, indem ich _____

Ich schäme mich dafür, dass mein Körper _____

_____

Wenn ich mich selbst lieben würde, dann würde ich in Bezug auf meinen Körper Folgendes tun:

_____

Mein Körper braucht gerade _____

Was ich während *King is back* konkret angehen werde, ist _____

_____

Klarheit über deinen Körper
Was bedeutet körperliche Gesundheit für dich?

_____

_____

Empfindest du deinen Körper als gesund?
☐ ja ☐ nein

Wann hast du deinen Körper das letzte Mal gründlich durchchecken lassen?

_____

Ist es vielleicht eine gute Gelegenheit, es jetzt zu tun? Falls ja, welchen Schritt wirst du als Nächstes unternehmen? Falls nein, warum nicht?

_____

Hast du bezüglich Gesundheit eine gute Vertrauensperson (Hausarzt/ Hausärztin, Heilpraktiker*in)?

_____

Gibt es gesundheitliche »Baustellen« an deinem Körper (etwa Schmerzen, Unwohlsein, Druck, Ziehen, Hautirritationen oder andere Symptome)? Benenne sie. Lege anschließend kurz deine Hand auf diese Regionen und frage deinen Körper: »Was kann ich hier für dich tun?«

_____

_____

Achtsamkeit und Selbstliebe

Wie würdest du deine Achtsamkeit deinem Körper gegenüber auf einer Skala von 1 bis 10 einschätzen? Kreise ein.

(1 = »Ich bin in Bezug auf meinen Körper gar nicht achtsam.«, 10 = »Ich bin in Bezug auf meinen Körper immer achtsam.«)

| 1 | 2 | 3 | 4 | 5 | 6 | 7 | 8 | 9 | 10 |

Wie würdest du deine Liebe deinem Körper gegenüber auf einer Skala von 1 bis 10 einschätzen? Kreise ein.

(1 = »Ich liebe meinen Körper gar nicht.«, 10 = »Ich liebe meinen Körper sehr.«)

| 1 | 2 | 3 | 4 | 5 | 6 | 7 | 8 | 9 | 10 |

Wenn dein Körper ein eigenständiges Wesen wäre, wie würdest du die Beziehung zu diesem Wesen beschreiben?

_____

_____

_____

In welchen Situationen nimmst du deinen Körper gut wahr und spürst, was er gerade braucht?

_____

_____

In welchen Situationen verlierst du den Kontakt zu deinem Körper?

_____

_____

In welchen Situationen kämpfst du gegen deinen Körper?

_____

_____

Was hilft dir, sanft und präsent in deinem Körper zu sein?

_____

_____

Dein Bewegungsprofil

Betrachte einen durchschnittlichen Tag deines Lebens. Welche Hauptbewegungsformen deines Körpers kannst du ausmachen (zur Arbeit gehen, Treppe steigen, Joggen, Kraftsport …)?

_____

_____

Wie würdest du das Bewegungspensum deines Körpers auf einer Skala von 1 bis 10 beschreiben? Kreise ein.

(1 = »Ich bewege mich gar nicht.«, 10 = »Ich bewege mich sehr viel.«)

    1   2   3   4   5   6   7   8   9   10

Wie hast du dich als kleines Kind gern bewegt? Wenn du es nicht mehr weißt, frag jemanden, der es wissen könnte.

_____

_____

Welche Form der Bewegung magst du heute als erwachsener Mann* gern?

_____

_____

Welche Form der Bewegung kannst du nicht leiden?

_____

_____

Welche negativen Resultate entstehen durch die Bewegung in deinem Leben (Knieschmerzen beim Laufen …)?

_____

_____

Welche negativen Resultate entstehen durch den Mangel an Bewegung in deinem Leben?

_____

_____

Welche Gedanken und Glaubenssätze kommen dir zum Thema Bewegung und Sport?

_____

_____

Welche Gefühle steigen in dir auf, wenn du dir vorstellst, deinen Körper in den kommenden Wochen intensiver und häufiger zu bewegen?

_____

_____

Schließe deine Augen und frage deinen Körper. Was wünscht er sich an Veränderung in Bezug auf Bewegung?

_____

_____

Deine Ernährung

Wie ausgewogen würdest du deine Ernährung auf einer Skala von 1 bis 10 beschreiben? Kreise ein.

(1 = sehr einseitig, 10 = ausgewogen)

    1   2   3   4   5   6   7   8   9   10

Was stört dich an deiner Art, dich zu ernähren?

_____

_____

Was gefällt dir an deiner Art, dich zu ernähren?

_____

_____

Wovon isst du zu viel?

_____

_____

Wovon isst du zu wenig?

_____

_____

Welche Nahrungsmittel würdest du gern während *King is back* weglassen?

_____

_____

Welche Nahrungsmittel würdest du gern deiner Ernährung hinzufügen?

_____

_____

Was würdest du gern an deinen Essgewohnheiten ändern?

_____

_____

_____

Welche Gedanken und Gefühle steigen in dir auf, wenn du dir vorstellst, deine Essgewohnheiten positiv zu verändern?

_____

_____

_____

Würdest du gern etwas an deinem Gewicht verändern oder ist dein Gewicht in anderer Hinsicht ein Thema für dich? Wenn ja, inwieweit?

_____

_____

Welches Suchtverhalten musst du dir ehrlich eingestehen, das deinem Körper schadet?

_____

_____

_____

Was löst die Vorstellung in dir aus, du würdest während *King is back* auf diese Suchtmittel verzichten?

_____

_____

_____

Wenn du dir alles wünschen könntest, was wünschst du dir bezüglich deiner Ernährung für die kommenden Wochen?

_____

_____

Deine Ziele

Was willst du in Bezug auf Achtsamkeit und Selbstliebe, Drogen und Sucht, Bewegung sowie Ernährung konkret verändern?

Meine Ziele in Bezug auf Achtsamkeit und Selbstliebe:

_____

_____

Meine Ziele in Bezug auf Ernährung und Süchte:

_____

_____

_____

Meine Ziele in Bezug auf Bewegung:

_____

_____

_____

Empfehlungen zur Vertiefung

Ritual: Nackt und pur

Achtung, dieses Ritual hat es in sich. Auch wenn dir die Situation erst einmal seltsam vorkommt, bitte überwinde deine Vorurteile und probiere es aus. Du kannst es ja heimlich machen. Stell dich allein und nackt vor einen großen Spiegel. Lass dir Zeit, in diesem ungewöhnlichen Moment anzukommen. Schau deinen Körper mal ganz in Ruhe an. Entspanne ihn. Was fällt dir auf? Was gefällt dir? Was lehnst du ab? Was fühlst du, wenn du dich so nackt siehst? Und wie würdest du deine Beziehung zu deinem Körper beschreiben? Distanziert? Inniglich? Beschämt? Stolz? Pushend? Annehmend? Jetzt kommt der verrückteste Teil: Sprich mit deinem Körper. Laut. Wie mit deinem Best Buddy. Was willst du ihm sagen? Gibt es etwas, wofür du ihn anerkennen willst? Möchtest du dich für etwas entschuldigen? Und ist es Zeit, ihm etwas zu versprechen? Lass die Worte so fließen, wie sie kommen. Du wirst sehen, nach kurzer Zeit fühlt es sich bereits weniger verrückt an. Dafür trittst du mit deinem Körper in eine ganz neue, ungezwungenere und tolerantere Beziehung.

Downloadbereich:

• Unter go.homodea.com/king findest du ein inspirierendes Interview mit meinem Hausarzt und Arzt des Vertrauens Dr. med. Harry König über männliche Gesundheit.
• Ebenfalls findest du dort die geführte Meditation »Das Licht deines Körpers«, die dich auf eine sanfte und tiefe Weise in deinen Körper holt.

Kurstipp:

• Für einen ganzheitlichen körperlichen Neustart empfehle ich dir den 14-tägigen Onlinekurs »frühlingswerk« auf www.homodea. com. In diesem Kurs findest du auch sehr viele gute Fitness- und Gesundheitstipps.

Die Kraft der Stille erkennen

 These: Weißt du, was die Schlacht des 21. Jahrhundert ist? Sie findet bereits statt. Leise, hocheffektiv und überall. Du kannst dich ihr (fast) nicht entziehen. Es ist der Kampf um deine Aufmerksamkeit. Wir lassen zu häufig zu, dass wir in der äußeren Welt verloren gehen. Dabei finden wir unsere Wahrheit und die Antwort auf alle unsere Fragen, wenn wir uns einen Zugang zur inneren Stille bewahren.

Bevor du abwinkst, weil du glaubst, dich betrifft es nicht, beantworte ehrlich die folgenden Fragen: Ist deine Aufmerksamkeitsspanne in den letzten zehn Jahren geschrumpft? Fühlst du dich leichter ablenkbar und irgendwie gehetzt? Fällt es dir schwerer, den Fokus zu halten? Und wie sieht es mit den folgenden Symptomen aus:

- Ungeduld, Langeweile, Unzufriedenheit, Unruhe, Reizbarkeit, Frustration
- Verschieberitis
- Schwierigkeit, unaufgeregte und angenehme Momente zu genießen
- ein Gefühl des Kontrollverlusts über das eigene Leben
- die Angst, etwas zu verpassen
- zwanghaftes Checken von Nachrichten, permanent am Handy
- anfällig für Unterbrechungen und Multitasking

Kommt dir das vertraut vor? Hast du dich je gefragt, woher das kommt? Dieser Abfall an kognitiven Funktionen und der Dauerstress sind nicht natürlich. Im Ringen um unsere Aufmerksamkeit werden immer wirksamere Technologien erschaffen, um den Fokus unseres Gehirns zu irritieren und an digitale Plattformen und Inhalte zu binden, die ganz sicher nicht primär unser Wohlbefinden im Sinn haben. Das Thema ist komplex und brisant. Falls du den Dokumentationsfilm *The Social Dilemma*[11] noch nicht gesehen hast, sieh ihn dir an. Hier nur ganz kurz einer der dort aufgegriffenen Aspekte: Dopamin ist einer der am stärksten süchtig machenden Neurotransmitter. Ratten verhungern, wenn sie die Wahl haben zwischen Futter und Dopamin. Die führenden digitalen Plattformen dieser Welt und auch unsere Smartphones basieren auf Prinzipien, die uns permanent kleine Dopaminkicks verpassen. Unsere Aufmerksamkeit wird regelrecht zerfetzt. Wir kommen so nicht mehr zur Ruhe und nicht in die Tiefe. Wir schlittern an der Oberfläche des Lebens entlang. Wir sind nicht mehr in Kontakt mit unseren Emotionen und unserer Intuition. Wir sind so natürlich auch nicht mehr in der Lage, gründlich und in Ruhe über die für uns relevanten Fragen nachzudenken. Doch das Traurigste: Wir verpassen unser kostbares Leben. Ist dir aufgefallen, dass deine Tage schneller verlaufen? Das tun sie nicht wirklich. Die Zeitforschung hat für dieses Phänomen einen wichtigen Grund gefunden: Die Zeit scheint schneller zu vergehen, weil wir weniger Momente bewusst wahrnehmen.[12] Wir agieren auf Autopilot, sind in unseren Gedanken oder absorbiert von Displays. Die Matrix, in der sich Menschen verlieren können, existiert also wirklich.

Wenn du dir deine Seele wie einen weiten, tiefen Ozean des Bewusstseins vorstellst, dann ruhen am Grund die Antworten auf jede deiner Fragen. Nur wird es für viele Menschen immer schwieriger, das Licht ihrer Aufmerksamkeit so stark zu bündeln, dass es in die Tiefe reicht. Tausend Ablenkungen zerfasern den Fokus und so trifft das Licht nur auf die Oberfläche. Hinzu kommen all die Menschen in unserer Umgebung, die auch etwas von uns wollen – die Partnerin oder der Partner an unserer Seite, Kids, Kolleg*innen, Kund*innen, Freund*innen … Jede Person verfolgt natürlich ihr Eigeninteresse, hat Wünsche an uns, fordert unsere Präsenz. Gerade Männer* sind in diesen wilden Zeiten gefährdet, sich zu verzetteln und zu verrennen. Logos ist neugierig und verführbar. Wir sind schnell von einem Projekt begeistert oder folgen gierig einer Möhre, die uns irgendeine andere Person vor die Nase hält.

Es mag übertrieben dramatisch klingen, doch ich glaube, dass es in den kommenden Jahrzehnten überlebensnotwendig für jeden von uns werden wird, einen Weg in die innere Stille zu kultivieren. Damit meine ich, es ist wichtig für dich, einen Weg zu finden, regelmäßig, am besten täglich aus dem Hamsterrad auszusteigen und deinen Geist still werden zu lassen – so still, dass du wieder klar das Wesentliche erkennst.

Lass dich nicht verrückt machen. Lass den Lärm der Welt immer wieder hinter dir, am besten mindestens einmal täglich, und lausche dir selbst. Denn die gute Nachricht ist: Unter all dem Tumult – innen und außen – gibt es etwas, tief in dir, was jetzt und immer still ist. Das bist du. Hier, im stillen Kern deines Wesens, wartet die Antwort auf jede deiner Fragen. Hier weißt du immer, wer du wirklich bist und was zu tun ist. Du musst weder religiös noch spirituell drauf sein, um diese Stille in dir zu finden. Du musst dafür auch nicht in die Wüste oder in ein Kloster gehen (obwohl dies von Zeit zu Zeit sehr förderlich sein kann). Wenn du nach der Stille suchst, wirst du sie überall finden. Jetzt zum Beispiel. Wenn du magst, schließ für einen Augenblick deine Augen und lausche nach innen. Vielleicht hörst du zuerst nur all die Geräusche um dich herum und von draußen. Eventuell geht in deinem Kopf gerade der Punk ab. Aufgaben, Fragen, Zweifel springen in unserem Verstand umher wie wildgewordene Affen im Dschungel. Im Buddhismus wird dieser Zustand nicht ohne Grund *monkey mind* genannt.[13] Doch wenn du dich für einen Augenblick nicht von den Geräuschen in deinem Kopf irritieren lässt, dich auf dein Ausatmen konzentrierst und den Körper entspannst, findest du sie – die Lücke zwischen den Gedanken. Durch sie kannst du in die Stille eintauchen, die der Hintergrund all des inneren und äußeren Lärms ist. Hier hält die Zeit an. Hier bist du frei. Hier hast du keinen Namen und kein Alter und musst nirgendwohin. Es ist ein einfaches und ruhiges *Ich bin.* Hier hast du keinen Titel, keine Rollen, kein Geschlecht. In dieser Stille berührt dich das Auf und Ab der Welt nicht. Du bist weder gut noch schlecht, weder erfolgreich noch erfolglos. Du *bist* einfach. Still. Präsent. Frei.

Der Teil in uns, der sich an die Action gewöhnt hat, fürchtet sich vor der Stille. Denn er hat keinen Zutritt. Er muss jedes Mal an der Schwelle zu diesem Nichts stehen bleiben, während *du* diesen weiten Raum betrittst. Doch es lohnt sich so sehr. Denn wenn du dich dem Nichts hingibst, wirst du erkennen, dass es nicht nichts ist, sondern pure, in sich ruhende Fülle.

Wenn du also nicht zeitlebens irgendwelchen Möhren hinterherrennen willst, die dir andere vor die Nase halten, finde deinen Zugang zu dieser unbeschriebenen, unbegrenzten Dimension in dir. Lass mindestens einmal am Tag alle Aufgaben und Pläne los und gib dich der Stille hin. Es gibt viele verschiedene Zugänge. Für mich sind es Meditation und Sport. Doch auch Natur, Kunst, harte körperliche Arbeit und Yoga können dir dabei helfen, still zu werden. Um die Stille in deinem Leben zu kultivieren, brauchst du vier Dinge:

1. die Entschlossenheit eines Kriegers, um dich dem Sog der tausend Ablenkungen zu entziehen
2. einen konkreten Plan, welche Zugänge zur Stille du ausprobieren und dann regelmäßig trainieren möchtest
3. die Bereitschaft, unangenehme Entzugserscheinungen wie Unruhe und Langeweile auszuhalten
4. die Erkenntnis, dass es (eigentlich) ganz einfach ist, denn Stille ist deine wahre Natur

Schaffe Zeiten und Räume, in denen sich die Stille zeigen kann. Männern*, die ihre Männlichkeit über Action, Denken und viele Reize definieren, fällt es eventuell schwer, in der Stille mehr zu sehen als: »Das kostet mich zusätzlich Zeit. Es bremst mich aus. Da passiert ja nichts.« Deshalb kommt hier eine kurze Liste der Wohltaten, die dir die Stille schenken wird:

- Du wirst durch regelmäßige Phasen des Nichtstuns und Lauschens wesentlich leistungsfähiger und kreativer.
- Du brauchst nicht *mehr* Zeit, sondern wirst Zeit sparen, da du effizienter in allem wirst.

- Wenn der alltägliche Verstand zur Ruhe kommt, kannst du tiefere Quellen des Wissens – deine Intuition und das kollektive Bewusstsein – anzapfen.
- Dein Gehirn regeneriert sich und du beugst so kognitivem Verfall wie Gedächtnisverlust, Alzheimer und Demenz vor.
- Du wirst besser im Bett.
- Das, was du wirklich bist und was bisher durch all die antrainierten Muster und Rollen überlagert wurde, kann sich nun deutlich zeigen.
- Deine Empathie verstärkt sich.
- Deine Fähigkeit, das Leben zu genießen, verfeinert sich.
- Du wirst leichter unwesentliche Ziele und sinnlose Ablenkungen erkennen und loslassen können.
- Du wirst dich ruhiger und souveräner fühlen.
- Du siehst deinen Pfad kristallklar und bleibst ihm treu.
- Die Stille wird den Mann* der neuen Zeit gebären, nicht unsere schlauen Konzepte.

Bist du überzeugt? Dann verlass das Hamsterrad und hol dir die Stille zurück.

SELBSTERFORSCHUNG UND UMSETZUNG

Was sind deine wichtigsten Erkenntnisse aus diesem Kapitel?

_____

_____

_____

_____

Was sind deine wichtigsten Schlussfolgerungen aus diesem Kapitel?

_____

_____

Arbeit und Entspannung

Wie würdest du deine Balance zwischen Arbeit und Entspannung auf einer Skala von 1 bis 7 einschätzen? Kreise ein.

(1 = »Ich bin absolut im Ungleichgewicht.«, 7 = »Ich bin sehr zufrieden.«)

    1   2   3   4   5   6   7

Wie würdest du deinen Fokus und deine Konzentration auf einer Skala von 1 bis 7 einschätzen? Kreise ein.

(1 = sehr schlecht, 7 = ausgezeichnet)

    1   2   3   4   5   6   7

Wie würdest du deine innere Ausgeglichenheit auf einer Skala von 1 bis 7 einschätzen? Kreise ein.

(1 = sehr schlecht, 7 = ausgezeichnet)

    1   2   3   4   5   6   7

Stille im Alltag

Wie viele Tage pro Monat sind bei dir völlig frei von Arbeit? Versuche, es wirklich ehrlich einzuschätzen.

_____

Wie viel Zeit verbringst du durchschnittlich täglich …

… am Computer: _____

… in den sozialen Medien: _____

… mit Fernsehen: _____

Hast du Zeiten, in denen du keinen Informationsinput erfährst? Wenn ja, welche und wie oft kommen sie vor?

_____

_____

Was löst der Gedanke an Nichtstun in dir aus?

_____

_____

_____

Wann hast du das letzte Mal einfach gar nichts getan?

_____

_____

Wie könntest du kleine Phasen des Nichtstuns in deinen täglichen Ablauf integrieren?

_____

_____

_____

Führst du ein Tagebuch? Wenn nicht, warum nicht und wäre jetzt vielleicht der perfekte Zeitpunkt, damit anzufangen? Wenn ja, was bewirkt es in dir?

_____

_____

_____

Hast du für dich eine Meditation oder eine andere Methode gefunden, mit der du den Geist still werden lassen kannst? Wenn ja, welche und wie oft wendest du sie an?

_____

_____

_____

Wann bist du das letzte Mal für mindestens zehn Tage aus deinem alltäglichen Hamsterrad ausgestiegen? Wie hast du dich danach gefühlt?

_____

_____

_____

Empfehlungen zur Vertiefung

Ritual: Hol dir dein Leben zurück

Du musst nicht sofort eine halbe Stunde meditieren. Du kannst dir dein Leben Minute für Minute zurückholen. Die Ernsthaftigkeit und Regelmäßigkeit macht's. Richte dir zu Hause einen Platz ein, der nur dir gehört. Das kann ein besonderer Stuhl oder ein Meditationskissen sein. Halte diesen Ort frei von jeder Form der Ablenkung und Arbeit. Stell dir vor, dass du jedes Mal, wenn du dich dort setzt, die Welt und all ihre Stimmen hinter dir lässt. Hier sitzt du in deinem Mittelpunkt und lauschst dir. Lass es am Anfang nur eine bis fünf Minuten sein. Setz dich nicht unter Druck, etwas Besonderes fühlen oder erkennen zu müssen. Vielleicht bist du am Anfang unruhig oder müde. Das ist okay. Es geht ums Prinzip. Du steigst aus der Welt aus und kommst in dir an. Schließ die Augen, nimm zehn langsame und bewusste Atemzüge. Spür deinen Körper und sage dir: »Dieser Moment gehört mir. Ich komme in mir zu Hause an.« Mach dieses Ritual jeden Tag mindestens einmal – am besten morgens und wenn du möchtest, eventuell noch einmal am Abend. Dehne die Zeitspanne langsam, bis es 15 Minuten sind. Schreib am Ende auf, was dir gerade durch den Kopf geht. Du wirst sehen, deine Gedanken werden im Laufe der Wochen tiefer. Wenn dir das generell guttut, empfehle ich dir, eine Meditation zu erlernen (s. Kurstipp).

Downloadbereich:

- Unter go.homodea.com/king findest du die Meditation »Die Kraft der Stille«, die dich innerer Gelassenheit und Achtsamkeit näher bringt.

Kurstipp:

- Für ein solides Erlernen der Achtsamkeitsmeditation empfehle ich dir den Onlinekurs »Kraft der Stille« auf www.homodea.com.

Buchtipps:
- Jaron Lanier: *Zehn Gründe, warum du deine Social Media Accounts sofort löschen musst.* Hoffmann und Campe, 2018
- Eckhart Tolle: *Jetzt! Die Kraft der Gegenwart.* Kamphausen Media GmbH, 2010

Filmtipp:
- Larissa Rhodes (Produktion); Jeff Orlowski (Regie): *The Social Dilemma.* Veröffentlicht auf Netflix, 2020.

Die Fähigkeit, dich selbst zu lieben

 These: Männer*, die sich selbst nicht lieben, verlieren sich in der Welt, in ihren Partner*innen oder im Selbstmitleid. Wenn du die Welt retten willst, rette zuerst dich. Unsere auf Leistung und Wachstum fixierte Gesellschaft hat uns zu Objekten degradiert. Radikale Selbstliebe ist keine Selbstbespaßung, sondern eine revolutionär neue Grundhaltung, die alles verändert.

Die meisten Männer* können stundenlang voller Begeisterung und mit wenig erkennbaren Selbstzweifeln von sich selbst und ihren Errungenschaften schwärmen. Wir lachen am lautesten über unsere eigenen Witze und gehen oft wie selbstverständlich davon aus, dass der Raum uns gehört, wenn wir ihn betreten. Wer so von sich eingenommen ist, der liebt sich. Oder? Nein, das ist keine Liebe, sondern ein Bluff.

Gerade weil wir in der Tiefe häufig nicht wissen, wer wir wirklich sind, versuchen wir, mit dem zu punkten, wofür wir jahrtausendelang belohnt wurden – indem wir Stärke und Dominanz demonstrieren. Bei dem einen ist es seine lautstarke Präsenz, beim nächsten sind es die Muskeln, die Schwanzlänge, das Auto, intellektuelle Überlegenheit oder spirituelle Arroganz. Wir finden uns selbst toll, wenn gerade alles gut läuft. Doch können wir uns auch aufrichtig lieben? Nicht nur in den Stunden des Sieges, sondern auch dann, wenn wir gerade auf die Knie gehen? Wenn uns das Leben auseinandernimmt, wir nicht weiterwissen und uns schwach fühlen? Würdest du sagen, dass du dich selbst liebst? So wie du bist? Ich weiß, lieben ist ein großes Wort. Wir können auch mit einer Stufe drunter anfangen. Magst du dich? So wie du bist? Kannst du dich gut annehmen und aushalten, auch wenn du keine Peilung hast und von außen keine Bewunderung erfährst?

Ich konnte lange Zeit nichts mit mir selbst anfangen. Ich habe das jedoch erst spät bemerkt, weil ich so damit beschäftigt war, gute Zensuren nach Hause zu bringen, im Sport zu siegen, Frauen* zu beeindrucken, Ziele zu erreichen, erfolgreich zu werden. Dann setzte mich das Leben abrupt auf den Arsch. Im wörtlichen Sinn. Ich brach mir bei einem Fallschirmsprung die Wirbelsäule und lag plötzlich fast unbeweglich, zentral verletzt für lange Zeit im Bett. Ich durfte lernen, den dysfunktionalen Veit zu lieben. Ich möchte diese Zeit nicht missen. Ich hatte viel Zeit zum Nachdenken. Mir wurde klar, wie sehr mich die Unfähigkeit, mich selbst zu lieben, von Frauen* und weltlicher Anerkennung abhängig gemacht hatte. Ich hatte gelernt zu leisten, aber nicht, mich zu lieben.

Unsere Gesellschaft, unser Wirtschaftssystem baut auf Menschen auf, die lernen, sich einzutakten und zu funktionieren. Ich behaupte, wenn wir alle über Nacht eine komplett transformierende Erfahrung echter Selbstliebe machen würden, würden wir morgen sofort das gesamte System anhalten und radikal umbauen. Männer* kommen in unserer Gesellschaft nicht deshalb weit, weil sie sich selbst achten und lieben, sondern wenn sie früh lernen, ihre Energie in Funktionieren und Stärke zu kanalisieren. Wir lernen bereits als Jungs, uns selbst als Werkzeuge in einer leistungsorientierten Welt zu betrachten und zu behandeln. Wir sind dann stolz auf uns, wenn wir unsere Ziele erreichen und Rekorde brechen. Doch das hat mit Liebe nichts zu tun. Das ist Belohnung. Wir sind so sehr darauf konzentriert, die äußere Welt zu erobern, dass unsere innere oft verwaist. Mich berührt es, in Coachings zu sehen, wie wenig viele Männer* etwas mit sich selbst anzufangen wissen, wenn sie mal nichts erschaffen, mal nichts zu sagen haben. Wie hilflos wir sind, wenn wir straucheln und keine Frau* an unserer Seite unsere mangelnde Selbstliebe kompensiert.

In Wahrheit ist es exakt das, was wir uns alle als kleine Jungs von unseren Eltern wünschten – lieb gehabt zu werden, einfach so wie wir sind. Wenn du Glück hast, konnten dir deine Eltern diese bedingungslose Erfahrung schenken. Dein Wesen wurde erkannt und gefeiert.

Eine sicher zutiefst erfüllende Erfahrung, aus der heraus sich unser Leben ganz anders entfaltet. Nämlich von innen nach außen und nicht, wie wohl bei den meisten, von außen nach innen. Wenn du in einer *normalen* Familie aufgewachsen bist und ein *normales* Schulsystem durchlaufen hast, dann wurdest du von Eltern und Lehrer*innen begleitet, die selbst bereits gelernt hatten, sich als Objekte in einem System zu definieren. Diese Grundeinstellung haben sie – nicht aus Böswilligkeit, sondern aus bestem Wissen und Gewissen – an dich weitergegeben. Da du als Genie auf die Welt kamst, hast du schnell kapiert, dass es nicht vorrangig darum geht, was du leben willst, sondern um das, was erwartet wird. Ich lernte so zum Beispiel, mir die Liebe meines Vaters zu verdienen. Ich sah deutlich, wann seine Augen vor Stolz leuchteten und wann sie sich in leiser, sicher nicht gewollter Missbilligung zusammenzogen. Ich spüre keinen Vorwurf, wenn ich dies schreibe. Mein alter Herr wuchs in harten Zeiten auf. Da ging es nicht um Selbstliebe, sondern ums Überleben. Er hatte sich alle Errungenschaften, die er an mich weitergab, hart erkämpfen müssen. Darauf war er zu Recht stolz und dieses Grundkonzept gab er ebenfalls an mich weiter. Und so geben wir alle, wenn wir nicht wachsam sind, diese falsche Definition des Wertes eines Menschen von Generation zu Generation weiter.

Versteh mich bitte richtig. Ich finde es wertvoll, dass ich gelernt habe, wenn es drauf ankommt, den Arsch zusammenzukneifen und die Extrameile zu gehen. Doch wenn dies zu unserer Grundhaltung wird, verpassen wir das Leben und unsere Liebsten. C. G. Jung nannte die zwei großen archetypischen Pole unserer Seele Animus und Anima.[14] In meinem Buch *Genesis* benutze ich dafür die Begriffe Logos und Eros. Lieben ist eine zutiefst weibliche Qualität und entspringt unserer Anima. Männer*, die nach altem Muster erzogen wurden, lernen, sich hauptsächlich an Männern* zu orientieren und so vor allem ihren Animus zu entwickeln. Wir trainieren ihn in *Kraft*, *Tat* und *Wort*, um die Welt zu erobern. Doch die zweite Hälfte unserer Seele – die liebende, nährende – bleibt unterentwickelt im

Schatten zurück. Deshalb suchen wir uns Partner*innen, die diesen Part für uns leben. Was wir uns selbst nicht geben können, sollen sie im Namen der Liebe übernehmen. Im besten Fall schafft dies relativ stabile Ehen mit klaren Rollenverteilungen. Eine Art evolutionäre Pattsituation. Der eine steht auf dem rechten Bein, die andere auf dem linken. Doch dieser Deal rutscht schnell in eine ungesunde Co-Abhängigkeit, denn auch wenn du zu stolz bist, es zuzugeben: Du brauchst die Liebe von außen, weil du nicht weißt, wie du sie dir selbst geben kannst.

Um als Mann* in deine volle Souveränität zu kommen, musst du auch deine innere Anima entwickeln. Warum fällt uns das so schwer? Erstens wurden wir dazu erzogen, die Antwort auf unsere Probleme im Außen zu suchen. Wir wissen, wie man Impfstoffe entwickelt, Maschinen baut und Rennen fährt, doch wir verfügen häufig nur über ein schwach entwickeltes Bewusstsein für unser Innenleben. Zweitens ist Selbstliebe nichts für Feiglinge. Denn sie setzt unsere Bereitschaft voraus, uns in unserer ganzen Glorie, aber eben auch in unserer ganzen Erbärmlichkeit und Verletzlichkeit zu sehen und alles zu fühlen. Dafür müssen wir den durch Jahrtausende hindurch geschmiedeten und stetig weitergereichten Panzer aus Stolz und falscher Überlegenheit ablegen. Um also wirklich lieben zu lernen, müssen wir bereit sein, mal nicht auf alles eine Antwort zu wissen. Animus hat einen strikt linear ausgerichteten Tunnelblick. Das lässt dich viele Aspekte des Lebens und deiner Mitmenschen verpassen, macht es aber auch irgendwie einfacher. Deine Anima wird dich mit Ambivalenz und Komplexität konfrontieren. Du wirst eine neue emotionale Tiefe erfahren, wesentlich mehr von deiner Außenwelt mitbekommen und erkennen dürfen, dass die oft sehr vereinfachenden Konzepte eines männlich dominierten Verstandes nur wie ein Schutzkondom zwischen dir und der schrecklich süßen nackten Begegnung mit der Existenz standen. Das dritte Hindernis zwischen dir und wahrer Selbstliebe ist die strukturell bedingte Gehirnwäsche durch das Patriarchat. Sie hat allem, was wir mit *weiblich* assoziieren, den Stempel von *schwächer*, *zweitklassig* aufgedrückt. Als Mann* erfordert es Mut, im Namen echter Selbstliebe den Schutzpanzer abzulegen, verletzbarer, weiblicher und somit (scheinbar) schwächer zu werden.

Selbstliebe beginnt mit unserer Bereitschaft, uns selbst kennen und aushalten zu lernen. Wenn wir nicht mehr vor uns selbst wegrennen und uns in Arbeit oder in die Arme unserer Partner*innen flüchten, eröffnen wir vielleicht zum allerersten Mal eine Beziehung zu uns selbst. Jetzt können wir lernen, nach innen zu schauen und all die Schätze zu entdecken, die in unserer tiefen Männerseele schlummern. Kontemplative Fragen (wie in diesem Buch) oder eine Meditationspraxis können dabei sehr hilfreich sein. Wir erforschen unsere Gefühle, geben ihnen Namen, verstehen ihre Signale. Wir koppeln uns von den äußeren Belohnungsmechanismen ab und finden heraus, was uns wirklich guttut.

Mir hat Folgendes sehr geholfen, eine liebevolle, nährende Beziehung zu mir aufzubauen: Ich habe mir einige Fotos aus meiner Kindheit besorgt, und zwar aus verschiedenen Phasen meiner Kindheit. Ich habe begonnen, mit dem Jungen von damals in mir zu sprechen. Ich habe ihn gefragt, wovon er träumte und was er sich am sehnlichsten von seiner Umgebung wünschte. Ich war und bin immer wieder erstaunt, wie präzise die Antworten kommen. Ich lerne in diesen Dialogen, sowohl ein verletzbares, offenes Kind mit Bedürfnissen als auch ein fürsorglicher Vater für diesen Jungen zu sein. Ich begrüße seine Unschuld und seine tiefe Liebe. Ich lerne, ihm heute zu geben, was er damals gebraucht hätte. Mal ist es eine Umarmung. (Das meine ich ganz real. Probiere es ruhig mal aus, wenn niemand da ist.) Mal ist es die Erfüllung eines konkreten Traumes und oft ist es einfach das Fühlen der Zartheit und Lebenslust dieses kleinen Jungen in uns. Dann und wann, wenn ich keinen Zugang zu meiner Selbstliebe spüre und mich von mir getrennt fühle, nehme ich mir ein Blatt Papier und meinen Lieblingsstift. Ich schaue auf meine Schreibhand und bitte den Jungen in mir, sie zu übernehmen und aufzuschreiben, was ihm fehlt und was er braucht. Probiere es aus. Du wirst überrascht sein. Es ist, als wenn dieser Anteil in uns nur darauf wartet, dass wir ihn endlich rufen und an die Hand nehmen.

Aktive Selbstliebe beruht für mich auf vier Säulen:

1. **Selbstwahrnehmung:** unsere Bereitschaft, stehen zu bleiben und zu lernen, uns achtsam wahrzunehmen

2. **Selbstannahme:** unser Mut, nach innen zu schauen und unsere Gefühle zu entdecken und halten zu lernen

3. **Selbstkenntnis und -achtung:** uns so gut kennenzulernen, dass wir jeden Tag etwas mehr von dem lassen können, was uns schadet, und etwas mehr von dem kultivieren, was uns stärkt

4. **Selbstvergebung:** uns die Härte uns selbst gegenüber zu vergeben, uns mit milden Augen zu sehen und freundlich von innen zu bewohnen

Selbstliebe ist nicht mit der Lektüre eines Buches oder dem Besuch eines Seminars abgehakt. Selbstliebe ist ein Weg und besonders für uns Männer* ist es eine Revolution. Aber *King is back* kann hierfür ein guter Ausgangspunkt sein. Ich möchte dir Mut machen, dich dir mehr zu öffnen, denn hier kommt die gute Nachricht: Ja, du wirst dich manchmal verletzbarer fühlen. Doch du wirst eine neue, souveräne Form von Stärke entdecken. Die Integration deiner Anima macht dich nicht weniger männlich, sondern sie macht dich zu einem ganzen Mann*. Du wirst deine Fähigkeit, Erfolg zu erschaffen, nicht verlieren, doch du wirst nicht mehr der falschen Beute hinterherjagen.

SELBSTERFORSCHUNG UND UMSETZUNG

Was sind deine wichtigsten Erkenntnisse aus diesem Kapitel?

_____

_____

Was sind deine wichtigsten Schlussfolgerungen aus diesem Kapitel?

_____

_____

Die Beziehung zu dir selbst

Wie würdest du deine Beziehung zu dir selbst beschreiben?

_____

_____

_____

Wie definierst du den Unterschied zwischen *dich für etwas belohnen* und *dich einfach so lieben*?

_____

_____

_____

Welche Dinge tust du immer wieder, von denen du weißt, dass sie dir schaden?

_____

_____

_____

Welche Dinge enthältst du dir vor, obwohl du weißt, dass sie dir gut-tun würden?

_____

_____

Würdest du sagen, dass du dich selbst liebst?

☐ ja ☐ nein

Wenn ja, woran erkennst du das? Wie fühlt sich deine Liebe zu dir selbst an? Wie zeigst du sie dir ganz konkret? Wenn nein, was hindert dich daran, dich selbst zu lieben?

_____

_____

Auch wenn es schwierig sein mag, dies festzulegen, versuch es dennoch aus dem Bauch heraus. Wo würdest du den Grad deiner Selbst-liebe in normalen Momenten deines Lebens auf einer Skala von 1 bis 10 einordnen? Kreise ein.

(1 = »Ich liebe mich überhaupt nicht.«, 10 = »Ich liebe mich genau so, wie ich bin. Tief und zart.«)

    1   2   3   4   5   6   7   8   9   10

Gibt es Momente, in denen deine Selbstannahme tief in den Keller sinkt? In denen du dich gar nicht oder sehr wenig magst? Was macht diese Momente aus? Was fühlst du dann?

_____

_____

Wo holst du dir in diesen Momenten Liebe, Anerkennung, Trost …?

_____

_____

_____

Was magst du an dir?

_____

_____

_____

Was magst du gar nicht an dir?

_____

_____

_____

Wo und wie hast du dich in deinem Leben selbst im Stich gelassen, dich verraten, warst hart zu dir?

_____

_____

_____

Wenn du auf dein Leben zurückschaust und auf die Art, wie du dich behandelt hast und dich hast behandeln lassen, gibt es etwas, das du sehr bereust und dir vergeben möchtest?

_____

_____

Der Wendepunkt

Mal angenommen, heute wäre der Tag, an dem du beginnst, dich selbst mehr zu lieben und zu achten, wie könntest du dir das konkret jeden Tag zeigen?

_____

_____

_____

Was würdest du ab jetzt gern mehr fühlen?

_____

_____

Was würdest du weniger tun oder ganz sein lassen, weil es dir nicht guttut?

_____

_____

85

Was würdest du mehr tun, weil es dich stärkt?

_____

_____

_____

_____

Woran würdest du merken, dass du dir selbst treu bist und zu dir stehst?

_____

_____

_____

Benenne eine Sache, mit der du es dir jetzt sofort beweisen kannst, dass du es ernst damit meinst, dich selbst zu lieben.

_____

_____

_____

_____

Empfehlungen zur Vertiefung

Ritual: Das Versprechen

Nimm dir in dieser Woche einmal ausführlich Zeit. Geh an einen für dich besonderen Ort. Nimm ein Foto aus deinen Kindertagen mit. Schau es dir in Ruhe an. Falls du kein Foto hast, denk an dich in dieser Zeit zurück. Nimm Kontakt mit dem kleinen Jungen auf, der du einmal warst. Mit seinen Träumen und Ängsten. Reflektiere, was aus dir geworden ist, und untersuche ehrlich, ob du deinen Weg sanft und in Liebe mit dir gegangen bist. Dann schreib dir selbst einen Liebesbrief. Bitte versuch es, auch wenn dir diese Idee seltsam vorkommt. Schreib den Brief in deinen Worten. Schreib dir alles von der Seele. Schreib aus deinem Herzen heraus. Wenn es etwas zu vergeben gibt, bitte dich um Verzeihung. Sei ehrlich mit dir. Doch vor allem versprich dir selbst, ab jetzt richtig für dich da zu sein. Auch wenn du vielleicht nicht weißt, wie das geht, versprich dir in diesem Brief, dass du dich nach Hause holst und lernst, dich selbst zu lieben.

Downloadbereich:
- Unter go.homodea.com/king findest du den Videovortrag »Heirate dich selbst« zum Thema Selbstliebe.
- Ebenfalls findest du dort die »Active Meditation / JA!«, die viel Energie freisetzt, und die »Stille Meditation: Finde Frieden in dir«, die sanfter wirkt und besonders dann empfehlenswert ist, wenn du gerade weich und behutsam mit dir sein möchtest.

Kurstipp:
- Zur Vertiefung des Themas empfehle ich dir den Onlinekurs »MySelf« auf www.homodea.com.

Buchtipp:
- Veit Lindau: *Heirate dich selbst. Wie radikale Selbstliebe unser Leben revolutioniert.* Kailash, 2013

Die Stärke, schwach zu sein

 These: Die Grundidee von Stärke, in die wir Männer* hinein-
erzogen werden, basiert nicht auf wirklicher Stärke, sondern
auf der Angst vor Verletzbarkeit. Sie ist also in Wahrheit
Schwäche und ein toxisches Gefängnis für unser wahres
Potenzial.

Es ist Zeit, dass wir über »toxische Männlichkeit« sprechen. Vielleicht
bist du irgendwo schon einmal über den Begriff gestolpert. Er wird
meist verwendet, um männliche Verhaltensweisen zu beschreiben,
die für Frauen* schädlich, erniedrigend und schwächend sind.[15] Mir
geht es hier allerdings um ein Grundelement unseres Männlichkeits-
bildes, mit dem wir uns selbst massiv sabotieren: die weitverbreitete
Vorstellung von Stärke und den Anspruch, als Mann* stark sein zu
müssen.

Was stellst du dir unter einem starken Mann* vor? Woher kommt
dieses Ideal? Entspricht es deinen natürlichen Werten oder wurde es
dir beigebracht? Gemessen an dieser Idee von Stärke: Erlebst du dich
als einen »starken« Mann* oder eher als einen »schwachen«? Unterstützt dich dein Wunschbild von Stärke darin, glücklich zu sein und
dein Potenzial auf eine lässige und wirksame Weise zu entfalten?
Oder kreiert es Krampf, Kampf und Konkurrenz?

Woher stammt die so tief in unserer Gesellschaft verankerte Asso-
ziation »wahrer« Männlichkeit mit Stärke, Kontrolle und Dominanz?
Ist diese noch zeitgemäß? Um das zu verstehen, lohnt es sich, kurz
zurückzureisen – in drei Epochen unserer Vergangenheit. Denn wer
den Anspruch an männliche Stärke nur als eine Idee abtut, macht es
sich zu einfach. Auch wenn du dich wahrscheinlich vor allem über
deine Geschichte seit deiner Geburt begreifst, ist es hilfreich zu verstehen, dass dein genetisches Grundsetting einen wesentlich längeren
Entwicklungsweg hinter sich hat. Ein Vergleich unserer DNA-Basis-

paarketten zeigt zum Beispiel eine Übereinstimmung zwischen etwa 93 und mehr als 99 Prozent mit Schimpansen[16] und – das kann jetzt etwas an deinem Ego kratzen – sogar zu etwa 50 Prozent mit Hefe.[17] Dein Körper und besonders dein Gehirn sind regelrechte Speicher dieser evolutionären Vergangenheit. Hier nur einige Beispiele für diese Spuren:

- An der Wurzel deiner Wirbelsäule befindet sich ein Überbleibsel eines Schwanzes.
- Die Reste der Muskeln, mit denen Tiere das Fell aufstellen, machen dir immer noch eine Gänsehaut.
- Ein menschlicher Fötus geht während der Schwangerschaft durch verschiedene Stadien der Evolution.
- Unser Stammhirn kommt aus der Zeit vor mehr als 500 Millionen Jahren.[18] Es bestimmt unsere Wachheit, warnt uns instinktiv und kümmert sich um grundlegende Körperfunktionen, die für unser Überleben notwendig sind, etwa Atmen und Herzschlag.

Warum ist diese Perspektive so wichtig, wenn du dich heute bewusst mit deiner Definition von Stärke auseinandersetzen willst? Weil du nicht gerade mal hier aus dem Nichts mit unbeschriebener Festplatte gelandet bist, sondern das Ergebnis eines Millionen Jahre alten evolutionären Auslesekampfes bist. In dem wurden die Männchen eben nicht für Zartheit und emotionalen Tiefgang mit dem besten Platz im Rudel und dem fruchtbarsten Weibchen belohnt. Physische und charakterliche Dominanz waren meist das Erfolgsmodell. Der immer noch weitverbreitete Mythos, ein wahrer Mann* müsse ein Alphamann* sein, stammt aus dem Tierreich. Dies ist keine Rechtfertigung für das primitive und aggressive Gebaren vieler moderner Männer*, aber eine erste Erklärung für unsere Anbetung dieser Form von Stärke.

Die zweite Erklärung finden wir im Patriarchat. Darauf bin ich in *Genesis* ausführlich eingegangen. 10 000 Jahre[19] Tyrannei eines selbstgerechten Logos, angefeuert durch testosterongetriebenes Selbstbewusstsein haben eine Gesellschaft kreiert, in der bis heute die Bullys die Führungsetagen einnehmen. Auch wenn wir mittlerweile viel über den Wert von Achtsamkeit, Empathie oder Altruismus lesen, muss uns klar sein, dass etwa Politik und Wirtschaft derzeit noch von Strukturen bestimmt werden, in denen sich bei Weitem nicht immer die kompetenteste Person, sondern die lauteste und dominanteste durchsetzt. Wenn wir also im feministischen Übereifer den Männern* Mut zur Schwäche abverlangen, ist das zwar richtig, aber gleichzeitig zu naiv. Denn es blendet die Zwickmühle aus, in der sich der Mann* von heute befindet: *Wie kann ich mehr Schwäche zulassen, wenn ich doch überall sehe, wie die alte Form von Stärke immer noch mehr Erfolg verspricht und von vielen Frauen* als attraktiv empfunden wird?* Wir brauchen Zeit – individuell und kollektiv – um dieses Dilemma zu lösen. Es dauert, bis sich das Pendel zwischen überholtem Machotum und neuer, übertriebener Verweichlichung in einer gesunden Mitte einpendelt.

Der dritte Ausflug in die Vergangenheit, um dein Bild von männlicher Stärke zu verstehen, führt in deine Kindheit. Mit welchen männlichen Vorbildern bist du aufgewachsen? Was haben sie dich über Stärke gelehrt? Wie haben sie reagiert, wenn du vermeintliche Schwäche gezeigt hast? Wurde es liebevoll integriert? Oder wurde es ausgelacht, vielleicht sogar ausgetrieben? War dein Vater für dich nicht nur physisch, sondern auch emotional erreichbar? Hast du ihn auch in verletzlichen, zarten Momenten erleben dürfen? Oder dominierte er durch Härte oder lebte er eine destruktive Form von Schwäche aus, etwa durch Alkoholismus und übertriebenes Selbstmitleid?

Ich kam nicht als Draufgänger auf die Welt. Ich war eher ein empfindsamer, verträumter Softie. Ich habe erst im Laufe der Zeit gelernt, meinen zarten Kern unter coolen Sprüchen, Arroganz, Ehrgeiz und Muskeln zu verstecken. So klischeehaft es klingt: Ich habe tatsächlich gelernt, dass ein Mann* nicht weint und »ein Indianer keinen Schmerz kennt«. Dass man auf gar keinen Fall zugibt, wenn man nicht weiterweiß. Die Krux ist: Diese Form von Stärke hat mich – weltlich gesehen – sogar weit gebracht. Ich musste 40 Jahre und älter werden, um allerdings so langsam auch den Preis zu realisieren. Dauerstress. Immer on. Ich habe mit dieser antrainierten Härte nicht nur mich, sondern auch viele andere Menschen verletzt. Vor allem habe ich viele Augenblicke kostbaren Lebens verpasst, denn das ist der wahre Preis falscher Stärke: Sie mag uns oberflächlich vor schmerzhaften und peinlichen Erfahrungen beschützen, doch sie reduziert unsere Berührbarkeit. Wir nehmen das Leben nicht mehr nackt und intensiv in uns auf. Es prallt an unserem Schutzpanzer an Konzepten und Coolness ab. Ein Schlüsselmoment für mich war eine Nacht in der Notaufnahme mit Verdacht auf Herzinfarkt. Als alle Tests negativ ausfielen, setzte sich die Ärztin neben mich und sagte: »Ihr Herz ist völlig in Ordnung. Kann es sein, dass Sie gerade Kummer haben?« Und tatsächlich hatte ich damals gerade den ersten großen Streit mit meiner Tochter. Ich wollte einfach nicht fühlen, wie traurig ich über die Situation war. Also verlagerten sich die Symptome so lange, bis ich im emotionalen Schmerz ankam und weinte.

Ich bin überzeugt, dass den meisten Männern* noch gar nicht bewusst ist, was uns diese alte Version von Stärke gekostet hat. Wir lieben nicht, wir dominieren. Wir führen nicht zum Wohle aller, wir herrschen, um unserem Ego gerecht zu werden. Wir fühlen zu wenig und denken zu viel. Wir kreieren in so vielen kleinen Alltagssituationen Leid für unsere Liebsten, denn wir sind nicht mehr wirklich erreichbar – weder für ihre Liebe noch für ihre Hilferufe. Wenn ein auf diese gestrige Weise starker Mann* dann auch noch in einer Machtposition landet, wird seine Härte viele Menschen leiden lassen. So wie er sich selbst ausbeutet, macht er sich Familie, Unternehmen und Planet zu Untertanen. Er sieht Mitarbeiter*Innen als Objekte in einem System, verachtet Schwächere, opfert menschliche Werte dem Umsatz, beutet selbstverständlich die Umwelt aus. Er will seinen Willen unter allen Umständen durchsetzen, denn das ist für ihn wahre Stärke. Selbst wenn so ein »starker« Mann* von vielen umgeben ist, die ihn achten, bewundern oder fürchten, wird er innerlich einsam sein, denn nichts fürchtet er mehr als Berührbarkeit. Doch verborgen unter unserem Bluff wartet ein demütiges, verletzliches, zu tiefer Liebe und wahrem Staunen fähiges Wesen darauf, von uns entdeckt zu werden. Dir einzugestehen, wie wenig du weißt, wie wenig du unter Kontrolle hast und wie sehr du dich nach Vollkontakt mit dem Leben und deinen Liebsten sehnst, macht dich nicht schwach. Es offenbart dir eine völlig neue Form der Stärke. Den von allen Turbulenzen unberührbaren Kern, der sich offenbart, wenn du dich voll berührbar machst. Deine unverletzbare Seele, die sich nur zeigen kann, wenn du deinen Panzer ablegst und dich verwundbar machst. Wenn du den Mut aufbringst, schwach zu sein, entdeckst du eine Stärke, die nicht von dieser Welt ist.

Ich weiß nicht, wie eine Gesellschaft aussehen wird, in der Männer* lernen, mit offenem Herzen zu leben. Lass es uns gemeinsam herausfinden. Denn eines weiß ich sicher: Unsere Liebsten, unsere Kinder und dieser Planet sehnen sich danach.

Erst wenn wir uns nackt und berührbar machen,
werden wir realisieren, wie sehr wir von ihnen geliebt werden.

SELBSTERFORSCHUNG UND UMSETZUNG

Was sind deine wichtigsten Erkenntnisse aus diesem Kapitel?

_____

_____

Was sind deine wichtigsten Schlussfolgerungen aus diesem Kapitel?

_____

_____

Deine Beziehung zu Schwäche

Lies dir die folgenden Satzanfänge laut vor und vervollständige sie, *ohne nachzudenken.* So kommst du deinen unbewussten Glaubenssätzen auf die Spur.

Schwäche bedeutet für mich _____

Wenn ich mich schwach fühle, denke ich _____

_____

Wenn ich mich schwach zeige, dann _____

_____

Ich habe Angst, dass Folgendes passiert, wenn ich vor anderen Menschen Schwäche zeige:

_____

Ich wäre gern mal schwach, indem ich _____

_____

Meine ungesunde Schwäche liegt darin, dass ich _____

_____

Stärke bedeutet für mich _____

Ich wäre gern stärker, indem ich _____

_____

Wenn ich keine Angst vor Verletzbarkeit hätte, dann würde ich Folgendes tun:

_____

Die einzigen Menschen, denen ich meine Verletzbarkeit zeige, sind:

_____

Zartheit bedeutet für mich _____

Kontrollverlust bedeutet für mich _____

Stärke und Schwäche im Alltag

Wie wurdest du in Bezug auf Schwäche erzogen? Wo musstest du härter sein, als du warst, und wo wurde dir vielleicht zu sehr erlaubt, dich Schwäche hinzugeben?

_____

_____

_____

In welchen Bereichen deines Lebens agierst du cooler und stärker, als du eigentlich bist? Warum?

_____

_____

_____

In welchen Momenten deines Lebens erlebst du dich als schwach und was löst das in dir aus?

_____

_____

Wie würdest du für dich den Unterschied zwischen gesunder und ungesunder Schwäche beschreiben?

_____

_____

_____

Beschreibe Momente oder Bereiche deines Lebens, in denen du dich auf eine ungesunde Weise schwach erlebst.

_____

_____

_____

Beschreibe einen Moment, in dem du auf eine gesunde Weise Schwäche zugelassen hast.

_____

_____

_____

Gesunde, natürliche Schwäche

In welchen Beziehungen möchtest du gern mehr Gefühle zulassen und auch zeigen?

_____

_____

_____

Welche Gefühle möchtest du konkret zulassen und zeigen? Kreuze an und ergänze weitere Gefühle, wenn du magst.

☐ Zartheit ☐ _____

☐ Liebe ☐ _____

☐ Angst ☐ _____

☐ Trauer ☐ _____

☐ Wut ☐ _____

In welchen Bereichen deines Lebens oder in welchen Beziehungen ist es an der Zeit zuzugeben, dass du …

… nicht alles weißt?

_____

_____

_____

… nicht über alles die Kontrolle hast?

_____

_____

_____

… vielleicht Zweifel hast oder sogar Angst?

_____

_____

_____

… Hilfe brauchst?

_____

_____

… großen Mist gebaut hast und/oder Leid angerichtet hast?

_____

_____

… traurig bist und/oder dich auf deinem Weg verrannt hast?

_____

_____

Empfehlungen zur Vertiefung

Ritual: Geh auf deine Knie

Wir alle, selbst die größten Macher unter uns, haben Bereiche, in denen wir mit unserer persönlichen Macht nicht weiterkommen. Es tut gut, bewusst zu kapitulieren. Dieses Ritual wirkt heilsam gegen falschen Stolz und schenkt dir, wenn du dich voll darauf einlässt, die Erfahrung wohltuender Demut.

Nimm dir dafür etwa eine halbe Stunde Zeit. Geh an einen Platz, der dir etwas bedeutet – an deinen Meditationsplatz zu Hause, in die Natur oder in eine Kirche. Stelle sicher, dass du nicht gestört wirst.

Geh auf die Knie. Fühle den Boden, die Erde unter dir und den Himmel über dir. Nimm dir einen Moment Zeit zu reflektieren, wie winzig du in diesem Kosmos bist und wie gering deine Kraft und Einflussmöglichkeit sind.

Untersuche tiefer, in welchen Bereichen deines Lebens du dich machtlos fühlst. In einer Sucht? Im Ringen um Erfolg? In einer ganz bestimmten Beziehung? Im Kampf gegen eine Krankheit? Spüre, wie sehr du gekämpft hast. Wie müde du bist. Und dann sprich deine Machtlosigkeit laut aus. Wenn du an Gott glaubst, beichte es ihm. Ansonsten beichte dem Universum oder dir selbst: »Ich fühle mich machtlos in … Ich fühle mich … Ich kann nicht mehr …«

Nimm dir einen Moment Zeit zu spüren, wie es dir damit geht. Dann öffne deine Arme und bitte um Hilfe. Bitte das Leben, Gott, alle guten Geister, deine Mitmenschen darum, dich zu unterstützen, dir den Weg zu zeigen, dir deine Last abzunehmen.

Nimm dir wieder einen Moment Zeit, um zu spüren, wie es dir jetzt geht. Nun überlege, was du bereit bist, dafür herzugeben. Deinen Stolz? Deine Trauer? Dein Rechthaben? Du wirst genau wissen, was es ist. Sprich auch das laut aus.

Wie geht es dir jetzt? Bleib noch eine Weile lauschend sitzen. Dann bedanke dich bei allem. Bedanke dich, dass dein Gebet erhört wurde, und vertrau darauf, dass sich etwas ändern wird.

Downloadbereich:
- Unter go.homodea.com/king findest du den Videovortrag »Ohnmacht. Dein Tor in die Freiheit« zum Thema Ohnmacht.
- Ebenfalls findest du dort die geführte Meditation »Es reicht«. Sie nimmt den Stress von dir und lässt dich weich werden.

Kurstipp:
- Zur Vertiefung des Themas empfehle ich dir den Onlinekurs »heilungswerk« auf www.homodea.com.

Buchtipp:
- JJ Bola: *Sei kein Mann: Warum Männlichkeit ein Albtraum für Jungs ist.* hanserblau in Carl Hanser Verlag, 2020

Den Weg des Kriegers beschreiten

 These: Männer* sind mehr als Frauen* gefährdet, in der Welt der tausend Optionen verloren zu gehen und sich selbst zu verraten. Du brauchst ein geistiges Schwert, um das Wesentliche vom Unwesentlichen zu unterscheiden – das ist dein Ehrenkodex. Er beinhaltet deine sorgfältig durchdachten Werte, die du bereit bist, unter Versuchung und Bedrohung aufrechtzuerhalten.

In diesem Kapitel geht es um Stärke. Es kann auf den ersten Blick daher wie ein Widerspruch zum letzten Kapitel wirken. Doch es geht um eine andere Stärke; ich fordere dich auf, *wahrhaftig* stark zu sein. Auch wenn sich viele Männer* künstlich aufblasen und so tun, als wären sie stark, verhalten sie sich in Wahrheit schwach. Ihnen ist ein gesundes Gefühl für Ehre und Disziplin verloren gegangen. Ohne diese beiden Wächter sind wir Männer* prädestiniert, uns in den Wirrungen dieser Welt– mit all ihren Optionen und Versuchungen – zu verlieren.

Ich möchte dir zuerst mein Verständnis von *Ehre* und *Disziplin* erklären, denn beides kann sehr verschieden interpretiert werden. Für mich ist Ehre einerseits deine Bereitschaft, dir durch gründliches Nachdenken deinen eigenen Kodex an Werten zu erarbeiten, und andererseits deine Entschlossenheit, diesen auch unter Versuchung und Bedrohung aufrechtzuerhalten. Disziplin ist durch den Lernzwang in der Schule und den Leistungsdruck im Berufsleben leider häufig negativ besetzt. Für viele Menschen bedeutet Disziplin, sich zu etwas zwingen zu können, was man eigentlich nicht will. Doch das ist in Wahrheit keine Disziplin, sondern Gehorsam. Du lernst, dich mit deinem Genius und deinen Fähigkeiten einer Sache zu unterwerfen, für die du nicht brennst. Unser Erziehungs- und Bildungssystem produziert entweder gehorsame Pflichterfüller*innen oder notorische Rebell*innen. Die Disziplin, für die ich dich begeistern möchte, ist ein mächtiges Feuer in dir, das seine Energie aus einer Kombination deiner Fähigkeiten, Passionen und dem tiefsten Sinn deines Lebens zieht. In *Disziplin* steckt das lateinische Wort *discipulus*, das *Schüler* bedeutet.[20] Ein Mann*, der etwas gefunden hat, das ihm wirklich am Herzen liegt, wird ganz natürlich ein leidenschaftlicher Schüler dieser Sache. Er ist bereit, dafür jeden Tag auf der Übungsmatte des Lebens zu erscheinen und zu trainieren.

In meinem Buch *Königin und Samurai* habe ich den Archetypus des Samurai ausführlich beschrieben.[21] Die Samurai waren ursprünglich die Vertreter der alten japanischen Kriegerkaste. Für mich ist es ein Synonym für den Krieger in dir und mir, der fähig ist, sich freiwillig, aus einer sehr bewussten Wahl heraus, mit allem, was er ist und hat, einer Sache hinzugeben. *Samurai* bedeutet übrigens übersetzt nicht *Krieger* oder *Held*, sondern *Dienender*.[22] Der Weg der Samurai wird *Bushido* genannt – der Weg der Krieger.[23] Die Essenz dieses Pfades ist es nicht, Schlachten im Außen zu gewinnen, sondern dich meistern zu lernen. Seine sieben Eckpfeiler sind:

1. Aufrichtigkeit
2. Mut
3. Menschlichkeit
4. Höflichkeit
5. Wahrhaftigkeit
6. Ehrbewusstsein
7. Loyalität[24]

Ich glaube nicht, dass ich altmodisch bin, wenn ich mich nach mehr Männern* sehne, die sich diesen Werten verpflichten. Ehre ist für mich kein Relikt, sondern heute vielleicht bedeutsamer denn je. Denn wir sind wahrscheinlich wesentlich mehr Druck, Versuchungen und Ablenkungen ausgesetzt, als die alten Samurai es waren. Es ist verführerisch leicht, sich dem Werteverfall unserer Zeit mit Konturlosigkeit und Zynismus zu unterwerfen. Doch zu welchem Preis?

Ein Mann* ohne Ehre und ohne Disziplin ist wie ein Blatt im Wind. Er agiert weder für sich selbst noch für andere verantwortlich und zuverlässig. Er ist seinen Impulsen und Gefühlen ausgeliefert und so auf eine destruktive Weise schwach. Ein Mann* ohne Ehrenkodex läuft Gefahr, die ihm anvertraute Power sinnlos zu verschwenden, Leid zu kreieren und sie von anderen missbrauchen zu lassen. Logos ohne Leitstern ist extrem leicht in Versuchung zu führen. Er ist neugierig, folgt den ihm angebotenen Reizen und verliert sich in Eroberungen und Wunschvorstellungen. Wenn du in diesem Leben herausfinden willst, wer du wirklich bist, musst du deine Kräfte bündeln. Ein Samurai dient einem Herrn, und dem gibt er alles, was er ist und kann. In diesem Sinne möchte ich dich fragen: Welchem Herrn dienst du? Versteh mich richtig: Mit »Herrn« meine ich keinen Menschen im Außen, keine Firma oder irgendein Ziel. Welchen Werten dienst du – nicht nur auf dem Papier, sondern durch deine Taten? Welche Werte wirken für dich stärker als Angst, Gier, Bequemlichkeit oder Eitelkeit?

Ein Wert beschreibt eine Tugend oder Qualität, die du als *wertvoll* und *moralisch richtig* betrachtest, weshalb du bereit bist, dich nach ihr zu richten. Beispiele für Werte sind Ehrlichkeit, Mitgefühl und Freiheit. Ein Ehrenkodex ist die Liste der Werte, die deine Lebensphilosophie und Ethik widerspiegeln. Ich bin überzeugt, dass jeder Mensch sorgfältig durchdachte Werte braucht, um sein Handeln in der Welt einschätzen zu können und um für andere Menschen erkennbar zu sein. Wahrscheinlich brauchen wir Männer* Werte sogar noch dringender. Denn da wir dem Leben oft logoslastig begegnen, fehlt uns oft die Bodenhaftung und somit auch der Kontakt zur natürlichen Ordnung des Seins. Ohne unsere persönliche Ethik verlieren wir uns in Träumereien oder Ehrgeiz. Wir vögeln – metaphorisch und wörtlich – in der Gegend herum und verschwenden so unser großartiges Potenzial in sinnlosen Unternehmungen. Am Ende haben wir viel getan und wissen leider immer noch nicht, wer wir wirklich sind. In einer sich rasant verändernden, hochkomplexen Welt bieten uns Werte eine sinnerfüllte Orientierung, eine Richtschnur für unser Handeln und ein Zentrum, um das herum wir unsere kostbaren Kräfte bündeln können.

Ein moderner Samurai ist für mich also ein Mann*, der seinem Ehrenkodex dient. Dieser erklärt nicht, *was* du tust, sondern *warum* du es tust. Er ist kein in Stein gemeißeltes Dogma. Während du reifst, werden sich im Laufe der Jahre auch deine Werte wandeln oder dein Verständnis ihrer Bedeutung. Für mich war Freiheit zum Beispiel schon immer ein zentraler Wert. Doch über die Vorstellung des 20-jährigen Veit von Freiheit kann ich heute nur schmunzeln. Es ist natürlich, dass wir als junge Männer* eher Werte verfolgen, die unsere Bedürfnisse nach Sicherheit und Zugehörigkeit abdecken, und mit dem Alter vermehrt nach Anerkennung und Status streben.[25] Da unsere Gesellschaft gerade die beiden letztgenannten Werte immer noch stark hypt, ist es verständlich, warum viele Männer* da in ihrer Entwicklung stehen bleiben. Wenn du dich jedoch lebendig weiterentwickelst, werden auf der nächsten Stufe Selbstfindung und Autonomie in den Vordergrund rücken. Wenn du dich hier ausgetobt und gut kennengelernt hast, werden die Versuchungen des Egos schwächer und der Ruf der Seele wird stärker. Sie wird sich in dem Bedürfnis zeigen, nicht mehr nur irgendeinem lukrativen Job nachzugehen, sondern deine wahre Berufung zu finden. Wenn du zu den Glücklichen gehörst, denen das gelingt, wird dich mehr und mehr eine größere Kraft übernehmen. Die Lust an weltlichen Spielen verblasst und der Wunsch reift, mit deinen Gaben einen echten Unterschied für viele Menschen zu bewirken. Du verstehst mehr und mehr, was mit Co-Creation[26] gemeint ist, und vernetzt dich mit gleichgesinnten Menschen, Teams und Unternehmen, um einen möglichst großen Impact für das Gemeinwohl zu erreichen. Und irgendwann, wenn du deinem Weg treu bleibst und nicht in einer der vielen spannenden Lebensstationen einpennst, wird deine Seele ganz die Führung übernehmen. Du hast keine Wahl mehr. Du gibst dich dem Leben vollständig hin.

Du folgst deiner Seelenbestimmung und hütest da, wo du bist, das dir anvertraute Feld. Erfolg, Ruhm und Macht verlieren vollkommen ihre Anziehungskraft und du gibst dich täglich auf deiner Übungsmatte Werten wie Wahrheit und Mitgefühl hin.

Die Entwicklung unserer Werte verläuft nicht linear und sie ist für jeden von uns einzigartig. Ich teile diese grobe Landkarte mit dir, weil sie gut erklärt, warum wir unsere Werte immer wieder neu überprüfen und aktualisieren müssen. Es reicht eben nicht aus, mit ein paar wohlklingenden Worten um dich zu werfen. Wir müssen unsere Werte mit Geist durchdringen und mit Taten zum Leben erwecken.

Die meisten Menschen haben noch nie bewusst über Werte nachgedacht. Kein Wunder, dass wir so leicht durch Werbung, Politik und Gefühle manipulierbar sind. Es ist auch tricky, dich nur an Zielen auszurichten. Denn diese sagen noch nichts darüber aus, *wie* du sie erreichst und warum sie für dich bedeutsam sind. Wir sind eben nicht hier, um Aufgaben abzuhaken. Wir sind schöpferische Sinnwesen. Alles, was wir tun, drückt aus, woran wir bewusst oder unbewusst glauben. Nicht *wie weit* du auf deinem Weg kommst, sondern *wie* du ihn gehst, entscheidet über deine Selbstachtung.

Thema des letzten Kapitels war eine gesunde Form von Schwäche – unser Mut, bewusst verletzbar und nichtwissend zu sein. Doch es ist eine destruktive Schwäche, wenn wir uns nicht im Griff haben und unsere Werte verraten. Dieser Selbstverrat kostet uns unsere nachhaltige Wirkungskraft und Würde. Im alten Japan nannte man die Männer*, die ihren Ehrenkodex verrieten und deshalb ausgestoßen wurden, Ronins – herrenlose, herumwandernde Samurai.[27] Ich glaube, dass heutzutage sehr viele Männer* als Ronins unterwegs sind – beschäftigt, umtriebig, doch ohne Leitstern.

Ich schlage dir für die Bestandsaufnahme im Übungsteil eine Form von Beichte vor – dir selbst gegenüber. Sie mag erst mal entzaubernd wirken und dich mit unangenehmen Gefühlen konfrontieren. Doch es lohnt sich so sehr. Dann stelle deinen Ehrenkodex auf. Finde die Werte, die deinen Geist erheben und dein Herz so tief berühren, dass du bereit bist, ihnen deine falsche Schwäche zu opfern und dich in Disziplin zu üben. Tu es in erster Linie für dich. Dein Ehrenkodex ist die Grundlage für ein gutes Leben in Würde und die beste Vorbereitung auf einen friedvollen Tod. Denn am Ende wird nicht zählen, wie viele Frauen* du gevögelt und wie viel Geld du gescheffelt hast. Du wirst dich sehr wahrscheinlich fragen: War dies ein Leben in Ehre? Hatte ich den Mut, den Weg mit Herz einzuschlagen? Habe ich den Lauf würdevoll vollendet?

SELBSTERFORSCHUNG UND UMSETZUNG

Was sind deine wichtigsten Erkenntnisse aus diesem Kapitel?

_____

_____

Was sind deine wichtigsten Schlussfolgerungen aus diesem Kapitel?

_____

_____

Der Ronin im Inneren
Wann und wie hast du deinen Weg aus den Augen verloren?

_____

_____

_____

Wann und wie erlebst du dich als schwach?

_____

_____

_____

Welche tiefen Selbstzweifel bewegen dich?

_____

_____

_____

Wann und wie hast du Selbstverrat begangen und dich so selbst verletzt?

_____

_____

_____

Wann und wie hast du andere verraten und so Leid für sie kreiert?

_____

_____

_____

Ungesunde Schwäche

Beschreibe schonungslos ehrlich, in welchen Bereichen oder Beziehungen du …

… dich von Gefühlen komplett übermannen lässt, dich in ihnen gehen lässt oder aus dem Affekt heraus Dinge tust, die Leid für dich und andere kreieren.

_____

_____

… dich Süchten und Verhaltensweisen hingibst, die dich schwächen. Sei spezifisch. Um welche Sucht handelt es sich und was kostet sie dich?

_____

_____

… aus Unklarheit oder Disziplinlosigkeit tiefen Selbstverrat an dir und deinen Werten verübst.

_____

_____

… dich in Bequemlichkeit, Selbstmitleid, Opferbewusstsein suhlst.

_____

_____

Werte

Was bedeutet für dich der Begriff *Ehre*?

_____

_____

Hast du *Ehre*?

_____

_____

Was bedeuten Werte für dich?

_____

_____

Benenne Situationen deines Lebens, in denen du unter Druck einen
oder mehrere deiner Werte aufrechterhalten hast:

1. Situation _____

Welchem Wert warst du treu? _____

Wie hat sich das angefühlt? _____

2. Situation _____

Welchem Wert warst du treu? _____

Wie hat sich das angefühlt? _____

3. Situation _____

Welchem Wert warst du treu? _____

Wie hat sich das angefühlt? _____

Benenne Situationen deines Lebens, in denen du aus verschiedenen Gründen das Gefühl hattest, dich und deine Werte zu verraten, und untersuche sie tiefer.

1. Situation _____

Welchen Wert hast du verraten? _____

Wie hat sich das angefühlt? _____

2. Situation _____

Welchen Wert hast du verraten? _____

Wie hat sich das angefühlt? _____

3. Situation _____

Welchen Wert hast du verraten? _____

Wie hat sich das angefühlt? _____

Ehrenkodex
Warum ist es für dich wichtig, einen Ehrenkodex aufzustellen?

_____

Was sind langfristig die negativen Konsequenzen, wenn du ohne Werte lebst?

_____

_____

Was sind langfristig die positiven Konsequenzen, wenn du deine Werte lebst?

_____

_____

Was sind deine wichtigsten Werte (ich empfehle dir sechs bis acht) und was bedeuten sie für dich?

Meine Werte   **Was sie genau für mich bedeuten**

Meine Werte	Was sie genau für mich bedeuten
_____	_____
_____	_____
_____	_____
_____	_____
_____	_____
_____	_____
_____	_____
_____	_____

Nenne zehn Gründe, warum du ab jetzt deinen Ehrenkodex einhalten möchtest:

1. _____

2. _____

3. _____

4. _____

5. _____

6. _____

7. _____

8. _____

9. _____

10. _____

Nenne dir nahestehende Personen, die du in den kommenden Tagen über deinen Ehrenkodex informieren möchtest. Tu es dann auch. Lade sie zudem ein, dich und dein Verhalten an deinem Ehrenkodex zu messen.

_____

_____

_____

Empfehlungen zur Vertiefung

Ritual I: Beichte deinen Selbstverrat

Schau dir zuerst einmal dein Leben bis hierher an. Schonungslos ehrlich. Hast du einen Ehrenkodex und bist du ihm treu? Wo und wie hast du deine Werte verraten? Wann hast du dich kaufen lassen? Wann hast du einer Versuchung nachgegeben oder aus Angst gekuscht? Wann hast du einem anderen Menschen Leid zugefügt? Wo warst du schwach? Was bereust du?

Nimm dir für diese Reflexion Zeit und schone dich nicht. Stell dir vor, du legst vor deinem reinsten Kern Zeugnis ab. Mach dies wirklich schriftlich. Nutze für diese Aufgabe gern die Antworten aus dem Fragenteil. Dann ist es Zeit für deine Beichte. Du kannst natürlich auch erst einmal nur dir selbst beichten. Kraftvoller und erleichternder ist es, dies einem anderen Menschen gegenüber zu tun. Welcher Person vertraust du so sehr, dass du bereit wärst zu beichten? Es sollte ein Mensch sein, dem du auch die emotionale Stärke zutraust, sich alles offen (nicht urteilend) und in Ruhe anzuhören und es absolut vertraulich zu halten. Deine Partnerin oder dein Partner? Eine Coachin oder ein Coach? Eine Pfarrerin oder ein Pfarrer? Eine Therapeutin oder ein Therapeut? Wenn es sich für dich stimmig anfühlt, beichte diesem Menschen deinen Selbstverrat. Nutze als Grundlage, was du aufgeschrieben hast. Aber sprich frei, spontan und aus dem Herzen. Es geht hier nicht um Verdammung oder Therapie. Es geht simpel um Offenlegung und Bewusstwerdung.

Ritual II: Bestimme deine Werte

Nimm deinen Ehrenkodex, den du im Rahmen der Selbsterforschung aufgestellt hast, kopiere ihn oder schreib ihn ab und positioniere ihn so, dass du ihn jeden Tag sehen kannst. Schau ihn dir dann jeden Tag an, sodass er immer in deinem Gedächtnis präsent ist. Vielleicht investierst du auch mehr Energie und baust aus deinem Ehrenkodex und starken Bildern eine Collage.

Downloadbereich:

- Unter go.homodea.com/king findest du den Vortrag »Ehre. Das geistige Rückgrat deines Lebens« und ein spannendes Interview mit Richard Barrett zum Thema Werte.
- Ebenfalls findest du dort die geführte Meditation »Der Krieger in dir«, um der Kraft zu begegnen, die in dir steckt.

Kurstipp:

- Für eine Einführung in die Prinzipien der modernen Krieger*innen empfehle ich dir den Onlinekurs »Bushido« auf www.homodea.com.

Buchtipps:

- Richard Barrett: *Alles, was ich über Werte gelernt habe.* BookOnDemand – vabaduse, 2019
- Inazo Nitobe: *Bushido. Der Ehrenkodex der Samurai.* Anaconda Verlag, 2007
- George Leonard: *Der längere Atem. Die fünf Prinzipien für langfristigen Erfolg im Leben.* Heyne, 2006

Filmtipps:

- Tom Cruise u. a. (Produktion); Edward Zwick (Regie): *Last Samurai.* 2003
- David Franzoni, Branko Lustig, Douglas Wick (Produktion); Ridley Scott (Regie): *Gladiator.* 2000
- Anne Kopelson, Arnold Kopelson, Amon Milchan (Produktion); Taylor Hackford (Regie): *Im Auftrag des Teufels.* 1997

Dich als Werkzeug der Schöpfung erkennen

 These: Ein Mann* ist bis zu seinem letzten Atemzug ein schöpferisches Werkzeug des Lebens. Du wirkst auf alles ein, egal, ob du willst oder nicht. Deshalb ist es wichtig, dich intensiv mit dem Thema Erfolg auseinanderzusetzen. Denn die wirklich wichtige Frage ist nicht, ob du erfolgreich oder erfolglos bist, sondern *welchem* Erfolg du dienst.

Erfolg. Mit dem Wort werden so viele Klischees assoziiert: viel Geld anhäufen, die Karriereleiter emporklettern, bewundert werden, viele Likes auf Instagram ... Während dies sicher alles Nebeneffekte sein können, bedeuten sie nicht zwangsläufig Erfolg. Was nützt es, wenn ich zwar im großen Rattenrennen unserer Leistungsgesellschaft eine führende Position ergattere, dafür aber meine Seele verkaufen muss, das Aufwachsen meiner Kinder verpasse und pünktlich zur Rente an einem Herzinfarkt sterbe? Auch das sind übrigens alles Klischees zum Thema.

Ich möchte dir in diesem Kapitel eine neutrale und weiter gefasste Definition von Erfolg anbieten. Dieser Erfolg ruht auf zwei Säulen. Die erste ist deine Klarheit darüber, was du *wirklich-wirklich* willst. Die Doppelung ist beabsichtigt. Denn unsere erste, spontane Antwort auf die Frage, was wir wollen, gibt meist nicht unseren tiefsten Wunsch wieder, sondern ein durch Erziehung und Gesellschaft geprägtes Ziel. Eigentlich willst du vielleicht deine Talente erkennen und entfalten, damit einen guten Unterschied für alle bewirken und einfach glücklich sein. Doch dein Verstand – beherrscht vom Leistungs- und Imagewahn der Zeit – macht daraus: »Ich will viele Follower*innen auf Instagram, einen Porsche und einen Sitz in der Vorstandsetage eines der derzeit angesagten Unternehmen.«

Mir geht es hier nicht um eine spaßbefreite und moralinsaure Einschränkung deiner Wünsche. Ich fahre auch gern ein großes Auto, trage gern meine Lieblingsmarken und gebe damit an, Bestseller geschrieben zu haben. Doch mir ist auch klar, dass ich nichts davon mitnehmen werde, wenn ich abtrete. Ich finde es einfach höchst bedauerlich, wenn sich Menschen ihr ganzes kostbares Leben lang einen abschuften, um am Ende festzustellen, dass sie einer Fata Morgana auf den Leim gegangen sind. Ich unterrichte ja selbst leidenschaftlich gern die Prinzipien des Erfolgs. Ich weiß, dass sie funktionieren und dass sie sowohl Medizin als auch Gift sein können. Deshalb fordere ich all meine Klient*innen als Allererstes auf, innezuhalten, den Geist ruhig werden zu lassen, um dann ihre Ziele gründlich zu untersuchen. Ist die eine Million Euro das, was du wirklich-wirklich willst oder wäre es schön, wenn sie ein Nebenresultat eines erfüllten und karmisch ausgewogenen Lebens ist? Wie viele Millionen Menschen rennen ihr Leben lang Möhren hinterher, die ihnen andere vor der Nase baumeln lassen? Ohne je zu realisieren, dass sie ihre wertvolle, schöpferische Potenz auf einem Weg verpulverten, der nicht ihrer war.

In einer so schnelllebigen, gier- und angstgetriebenen
Gesellschaft voller Trends und Moralansprüche zu wissen, was
du wirklich-wirklich willst, ist bereits wahrer Erfolg.

Die zweite Säule deines Erfolgs ist deine Selbstwirksamkeit. Du weißt, was du wirklich-wirklich willst? Gut. Aber weißt du auch, wie du es bekommst? Hast du gelernt, deine inneren und äußeren Ressourcen intelligent und wirksam für das Manifestieren deiner Ziele einzusetzen? Kennst du die einzelnen Phasen jedes schöpferischen Kreislaufs, vom ersten Impuls über das kreative Visionieren und die strategische Planung bis hin zur konkreten Tat? Wie hältst du dein inneres Feuer auch in den dunklen Phasen am Leuchten und wie erlangst du einen langen Atem, um durch all die Durststrecken und Sinnkrisen hindurch deine großartige Vision in einem konkreten Meisterwerk auf die Erde zu bringen?

Die gute Nachricht ist: Diese Form der Selbstwirksamkeit braucht kein besonderes Talent. Sie ist eine geistige Fähigkeit, die jeder von uns wie einen Muskel trainieren kann. Wenn du sie dann noch mit einem soliden Wissen über erfolgreiche Manifestation kombinierst, bist du unaufhaltbar.

Ich möchte dich gern herausfordern, deine Einstellung zu Erfolg zu überprüfen. Erstens um für dich ein glückliches Leben zu kreieren, und zweitens weil du gebraucht wirst. Du bist wichtig. Die Evolution hat dich zu einem besonderen Zweck designt. Du birgst einen einzigartigen Mix aus schöpferischen Stärken, Passionen und Weisheit. Stärken – das sind jene Dinge, die du gut kannst. Die Wahrscheinlichkeit ist groß, dass sie dir nicht einmal auffallen, weil du sie jeden Tag völlig selbstverständlich aus dem Ärmel schüttelst. Als Passionen bezeichne ich jene Themen, für die du dich ganz natürlich begeisterst. Wenn du dich mit ihnen beschäftigst, vergisst du die Zeit und du würdest sogar Geld bezahlen, um dich darin vertiefen zu können. Weisheit ist für mich das Extrakt all deiner Lebenserfahrung. Mir bereitet es immer wieder große Freude, unseren Seminarteilnehmer*innen zu beweisen, dass jeder Mensch, egal, wie alt oder scheinbar erfolglos er ist, eine Schatztruhe an Weisheit in sich birgt. Nicht nur unsere Siege, sondern gerade unsere Niederlagen tragen so viele wertvolle Lektionen in sich.

Vergeude deine Power nicht in fremden Unterfangen und auf breit getrampelten Wegen, aber spar dich auch nicht für einen imaginären, besonderen Moment auf, der so wahrscheinlich nie kommt. Jetzt ist die Zeit, all deine Karten für die richtige Sache auszuspielen. Was das ist, kann dir nur eine Instanz sagen: dein Herz. Hör nicht nur auf deinen Verstand. Männlicher Logos ohne Herz führt uns auf Abwege, da wir geblendet sind von Verlangen und Ehrgeiz. Überprüfe immer wieder, ob der Weg, den du gehst, ein Weg mit Herz ist. Wenn nicht, kratz deinen Mut zusammen und korrigiere deine Ausrichtung. Kein

Preis dieser Welt ist so kostbar wie dein Seelenheil. Wir können darauf vertrauen, dass wir es spüren werden, wenn wir unsere Spur finden und sie in der für uns vorgesehenen Intensität beschreiten. Ich kam damals zurück und beschloss, endgültig von der inneren Bremse zu gehen. Letztendlich gibt es kein finales Ankommen, immer nur den nächsten Schritt.

Ich sehe uns Männer* aus einer Metaperspektive als schöpferische Werkzeuge der Evolution. Das in uns drängende, forschende, erobernde Bewusstsein und unsere Vitalkraft gehören nicht einmal uns. Es ist der Kosmos selbst, der nach Galaxien, Sternen, Planeten, Pflanzen und Tieren nun uns erschuf, um sich selbst zu erfahren und durch unsere Neugier immer wieder neue Möglichkeiten zu kreieren. Wenn Eros das ruhende Potenzial repräsentiert, ist Logos der Funke, der es entzündet. Logos in dir will sich in purer *Kraft* (beim Sport und Holzhacken), in der *Tat* (wenn du etwas erbaust), im geschliffenen *Wort* und in visionärem *Geist* ausdrücken. Wenn du deine PS aus welchem Grund auch immer zurückhältst, friert der Kosmos an dieser Stelle ein. Nicht nur du wirst unterschwellig frustriert sein, auch deine Umgebung wird leiden. Denn anstatt durch deine Schöpfungen Energie freizusetzen, zockst du sie aus deiner Umgebung ab, wenn du undefiniert in einer Kurve des Universums herumhängst. Dabei werden wir Männer* gerade jetzt so sehr gebraucht. 10 000 Jahre Patriarchat haben uns im Kapitalismus eine extrem ausbeuterische Form des Erfolgs beschert, die den einzelnen Menschen, unsere Familien, Systeme und den Planeten in den Burn-out treiben. Es reicht nicht aus, nur lauthals zu schreien, dass du das so nicht willst, oder dich klammheimlich in eine komfortable Wohlstandsblase zu verdrücken. Wir brauchen *jetzt* viele aktive, geistig klare Männer*, die ihren Logos mit ihrem Herz vereinen, um gemeinsam mit vielen gerade erwachenden Frauen* einen neuen Mythos für die Zukunft der Menschheit zu kreieren. Dafür musst du kein Staatspräsident oder CEO eines großen Konzerns sein. Wache einfach in deiner vollen schöpferischen Verantwortung *hier und jetzt* auf. Du bist ein permanenter Mitschöpfer der

Ereignisse auf diesem Planeten. Nichts, was du tust, ist neutral. Alles nimmt oder gibt Kraft. Du verlässt dort, wo du zum Arbeiten, Essen oder Urlauben verweilst, die Welt etwas schlechter oder besser. Dein Mitwirken am großen kollektiven Werk hat keine Pause. Jeder deiner Gedanken, jede deine Handlungen verändert den Lauf der Dinge. Ob du willst oder nicht, die Art, wie du heute deinen Erfolg definierst und lebst, hat signifikanten Einfluss auf die Zukunft der kommenden Generationen.

Wenn wir als Männer* reifen, verändern sich nicht nur unsere Ziele, sondern auch die Art, *wie* wir den Weg gehen. Jungs* sehen Erfolg als ein persönliches Spiel, in dem es um Anerkennung, Sex, Geld, Macht und Ruhm geht. Das ist okay. Doch irgendwann ist es Zeit für den Samurai. Krieger befreien sich von den antrainierten Konditionen, um den Pfad in diesem Universum zu finden, den nur sie beschreiten können. Wenn du ihn gefunden hast, heb deinen Blick und sieh das größere Bild. Tausend Generationen vor dir haben dir den Weg bereitet. Was wirst du denen, die dir folgen, hinterlassen? Lass den Krieger zum König reifen. Der geht seinen Weg nicht mehr nur für sich, sondern für alle, die jetzt leben und die noch kommen werden.

Egal, wie alt du bist, du lebst noch lange nicht dein volles Potenzial. Die Frage ist, ob es dir reicht oder ob du herausfinden willst, was da noch alles in dir schlummert. Dafür braucht es keine Hauruckaktionen, kein künstliches Pushen, keinen verkrampften Wettbewerb. Es braucht dafür

- dein uneingeschränktes *Ja* zu deinem Schöpfergeist,
- deine Wachheit, immer wieder frisch herauszufinden, was du wirklich-wirklich willst,
- deine Kühnheit, immer wieder größer darüber nachzudenken, wer du bist, was du kannst und was du der Welt zu geben hast,
- und deine unerschütterliche Entschlossenheit, den Weg zu gehen – Schritt für Schritt und mit Herz.

Was willst *du* wirklich-wirklich?

SELBSTERFORSCHUNG UND UMSETZUNG

Was sind deine wichtigsten Erkenntnisse aus diesem Kapitel?

_____

_____

_____

Was sind deine wichtigsten Schlussfolgerungen aus diesem Kapitel?

_____

_____

_____

Erfolg
Wie definierst du für dich *Erfolg*?

_____

_____

_____

Welche Assoziationen löst das Wort *Erfolg* in dir aus?

_____

_____

Wie würdest du deine Beziehung zu Erfolg beschreiben?

_____

_____

Gibt es etwas in deiner Beziehung zu Erfolg zu heilen?

_____

_____

_____

Was würdest du in deinem aktuellen Leben als *erfolgreich* bezeichnen?

_____

_____

_____

In welchen Lebensbereichen wünschst du dir mehr Erfolg?

_____

_____

_____

Bist du bereit, für diesen Erfolg mehr Zeit, Energie, Lernen, Veränderung etc. zu investieren?

☐ ja   ☐ nein

Kennst du Wege, um deine Erfolgsfähigkeiten zu stärken? Wie sehen sie aus?

_____

_____

Nenne männliche Vorbilder, die für dich einen erstrebenswerten Erfolg repräsentieren.

1. _____ 2. _____

3. _____ 4. _____

Wo stehen dir eventuell Neid und/oder Konkurrenzdenken im Weg, um von anderen Männern* zu lernen? Was könntest du von ihnen lernen?

_____

_____

_____

Macht

Welche Assoziationen fallen dir zu dem Wort *Macht* ein?

_____

_____

_____

Gibt es für dich einen Unterschied zwischen guter, konstruktiver und dunkler, destruktiver Macht? Wie sieht er für dich aus?

_____

_____

_____

_____

Nenne Beispielsituationen aus deinem Leben, in denen du Macht auf eine für dich positive Weise lebst.

_____

_____

_____

_____

Nenne Beispielsituationen aus deinem Leben, in denen du (noch) Macht auf eine für dich negative Weise lebst.

_____

_____

_____

_____

Bist du bereit, diesen Machtmissbrauch aufzulösen? Was ist dafür wichtig zu tun, zu sagen, zu verändern? Welcher Person musst du eventuell etwas mitteilen, welchen Menschen musst du eventuell um Verzeihung bitten?

_____

_____

_____

_____

In welchen Bereichen hättest du gern mehr Macht? Was bräuchte es dafür?

_____

_____

_____

_____

Empfehlungen zur Vertiefung

Ritual: Take back your power

An welche Menschen hast du im Laufe deines Lebens deine Macht abgegeben, indem du ihre Meinung über deine gestellt hast? Welche Menschen haben noch immer Macht über dich? Schreibe ihre Namen jeweils groß auf ein Blatt Papier. Schreibe ihnen anschließend symbolisch einen Brief. Teile ihnen darin mit, dass du dir deine Macht zurücknimmst und was das bedeutet. Verbrenne dann den Brief und stelle dir dabei vor, wie die Macht zu dir zurückströmt.

Downloadbereich:

• Unter go.homodea.com/king findest du das Video »Mach deinen Traum wahr – Die Kunst, erfolgreich zu manifestieren«, in dem ich dich dazu einlade, die bestehenden Grenzen in deinem Inneren sanft zu hinterfragen und radikal zu verrücken.

• Ebenfalls findest du dort die Meditation »Active Meditation – Empfange eine Vision für dein Leben«, in der du deinen Geist dehnen und Bilder deiner großartigen Zukunft empfangen kannst.

Kurstipp:

• Zum Trainieren deiner Manifestationskräfte und Selbstwirksamkeit empfehle ich dir den Onlinekurs »erfolgswerk« auf www.homodea.com. Dieser Kurs eignet sich hervorragend, um ein großes Projekt zu manifestieren.

Buchtipps:

• Veit Lindau: *Werde verrückt. Wie du bekommst, was du wirklich-wirklich willst.* Goldmann, 2019
• Veit Lindau: *Werde verrückt – Das Praxisbuch. 128 Kicks für deinen Erfolg.* Kailash, 2016
• Veit Lindau: *Coach to go Erfolgsbooster. Mach deine Träume wahr!* Goldmann, 2016

- Dr. Joe Dispenza: *Werde übernatürlich. Wie gewöhnliche Menschen das Ungewöhnliche erreichen.* KOHA-Verlag, 2017
- Dan Millman: *Der Pfad des friedvollen Kriegers. Das Buch, das Leben verändert.* Heyne, 2013
- Steven Kotler: *The Art of Impossible. A Peak Performance Primer.* HarperCollins, 2021

Filmtipp:
- Mark Amin, Robin Schorr, David Welch, Cami Winikoff (Produktion); Victor Salva (Regie): *Peaceful Warrior.* 2006

Den Polarstern deiner Mission finden

 These: Nicht deine Ziele entfesseln deine volle Power, sondern dein *Wofür*. Deine Mission ist dein geistiger Polarstern, der dir hilft, alle deine Kräfte in einem Anliegen zu bündeln und deinem Pfad treu zu sein. Du bist nicht primär hier, um etwas zu bekommen, sondern um dich zu verschenken und um die Welt schöner zu hinterlassen, als du sie vorgefunden hast.

Der Polarstern ist der hellste Stern im Sternbild des Kleinen Bären. Da er sehr stark leuchtet und sich nahe am Nordpol des Himmels befindet, nutzten ihn die alten Seefahrer während der Nächte zur Orientierung, um sich nicht zu verirren. In diesem Kapitel lade ich dich ein, deinen Polarstern zu finden und zu benennen. Vielleicht kennst du ihn auch schon und es ist ein guter Zeitpunkt, dich wieder an ihn zu erinnern.

Wenn du aktiv im Leben stehst, hast du jeden Tag viele Aufgaben zu erfüllen und so manche ungeplante Herausforderung zu bewältigen. Du hast vielleicht einige große und viele kleine Ziele. Eine Flut an Informationen strömt auf dich ein. Die Welt zieht an dir. Du musst so viele Entscheidungen treffen. Durch welche Tür gehst du? Welche lässt du aus? Nur einige wenige Wege führen dich mehr nach Hause, tiefer ins Zentrum deiner Kraft. Doch woher weißt du, was für dich wesentlich ist und was pure Ablenkung?

Ich habe für das, was ich in diesem Kapitel mit dir teilen möchte, keine wissenschaftlichen Beweise. Ich möchte dir auch gar nichts einreden. Lass es einfach auf dich wirken und schau, ob es für dich Sinn ergibt. Aufgrund einiger zutiefst transformierender Erfahrungen in Meditation, Trancetanz und in Extremsituationen glaube ich an eine heilige Ordnung und eine Entwicklungsrichtung des Lebens.

Niemand von uns ist aus purem Zufall hier und wir sind wesentlich mehr als ein Fleischklöpschen mit Verfallsdatum. Für mich bist du eine Seele, ein einzigartiger Bewusstseinsstrom, der hier inkarnierte, um für dich wichtige Erfahrungen zu machen. Wir sind hier, um uns zu erinnern. Daran, wer wir wirklich sind und worum es wirklich geht. Definitiv liegt das primäre Interesse unserer Seele nicht darin, sicher und bequem durchzukommen oder möglichst viel Geld und Berühmtheit anzuhäufen.

Seelen haben unterschiedliche Reifegrade und daher auch sehr verschiedene Anliegen für diese Lebensspanne. Doch jeder von uns muss sich – davon bin ich überzeugt – irgendwann zwischen zwei grundsätzlichen Spielebenen entscheiden. Auf der einen, ich nenne sie die Fleischklöpschen-Ebene, geht es vor allem darum, dein Ego zu befriedigen. Dieses Ego läuft mit einem unsichtbaren Einkaufskörbchen durch das Labyrinth des Lebens und fragt sich in jeder Situation (in der Liebe, im Job, in der Freundschaft): »Was springt für mich dabei heraus?« Auf dieser Ebene des Spiels wird es immer ein potenzielles *Mehr* geben, das du noch bekommen könntest. Mehr Liebe, mehr Sex, mehr Ruhm … Deshalb kann sich das Ego nicht wirklich vollkommen auf etwas einlassen, denn irgendwo anders könnte noch etwas Besseres warten. Wir befinden uns ständig, sei es bewusst oder unbewusst, in einer Art Warteposition. Wir warten auf *den* perfekten Job, *die* perfekte Partnerin, *den* perfekten Moment, um dann, irgendwann in der Zukunft, alles zu geben. Kein noch so starker Anreiz wird auf Dauer das von unserem Ego gefühlte Vakuum füllen. Angetrieben von subtiler Gier und Angst, okkupiert das Ego viele wunderbare Dinge, die wir auf diesem Planeten erfahren können. Sei es das Atmen, das Arbeiten, das Lieben oder das Essen – im Grunde genommen kann alles ein reiner Quell von Freude sein. Doch unser Ego verpasst diese Momente oder verzerrt sie, sodass wir im Endeffekt doch wieder unerfüllt zurückbleiben. Und dann geht die Suche weiter …

Die zweite dir offenstehende Spielebene ist die deiner Seele. Ihr geht es einzig darum, sich zu verschenken. Sie will nirgendwo ankommen. Sie sehnt sich danach, tiefer in dem zu erwachen, was ist. Während Egos immer auf einen imaginären Punkt in der Zukunft hinleben oder sich in der Vergangenheit verlieren, ist die Seele immer im Hier und Jetzt. Wach, präsent und frei. Sie konsumiert nicht, denn sie selbst ist eine Quelle der Freude. Deshalb ist Genuss auf dieser Ebene erfüllend und hat einen reinen Nachklang. Auf dieser Ebene geht es nicht darum, das Einkaufskörbchen – das du am Ausgang ja eh wieder abgeben musst – vollzukriegen. Auf dieser Ebene erfährst du dich nicht herumgeschubst vom Schicksal. Du teilst dein Erleben auch nicht in angenehme und unangenehme Erfahrungen ein. Du begegnest allen Erfahrungen offen, neugierig, dankbar. Während das Ego immer eine Wunschliste von vermeintlich perfekten Eigenschaften parat hat, sieht die Seele deine Vollkommenheit in genau deinem besonderen Mix an Stärken und Schwächen. Die Risse in deiner Biografie sind kein Fehler. Durch sie scheint dein Licht auf eine einzigartige Weise in die Welt.

Wie gesagt glaube ich, dass du kein Zufall bist. Du bist aus einem Grund hier. Wenn du diesen entdeckst, wirst du einen unerschütterlichen Frieden in dir finden und ungeahnte Kräfte entfesseln. Diesen Grund nenne ich *deine Mission*.

Viele Menschen leiden, bewusst oder unbewusst, weil sie diesen wichtigsten Grund für ihr Leben noch nicht gefunden oder wieder vergessen haben. Anstatt die Erde als einen Lernplaneten zu nutzen, um zu reifen und tiefer zu erwachen, werden sie von der Welt, vom Ego, geschluckt. Wir arbeiten wie blöd. Wir konsumieren wie besessen. Wir tauschen unsere Partner*innen aus. Immer auf der Suche nach neuen Kicks. Ohne ein *Wofür* fehlt etwas und wir kommen nicht in echter Erfüllung an. Als Mann* die tiefste Mission, dein stärkstes Wofür zu kennen und dich dem zu verpflichten, macht dich ganz. Es bündelt all deine Gaben und Wünsche in einem Polarstern, den du zur Orientierung benutzen kannst – so wie es die Seefahrer mit dem Polarstern am Himmel taten. Doch was genau ist deine Mission? Wofür lebst du? Wofür stehst du jeden Morgen auf und gibst dein Bestes?

Wofür bringst du deine Opfer? Wofür rennst, ja wenn es sein muss, kriechst du die Extrameile? Deine Mission setzt sich aus drei Komponenten zusammen:

1. deinem Seelenwunsch
2. deinem Beitrag[28]
3. deiner Wirkung[29]

Dein Seelenwunsch ist deine ehrlichste, genaueste Antwort auf die Frage: »Wenn du für dieses Leben nur eine einzige Sache wählen könntest, die du hundertprozentig und garantiert bekommst, aber du müsstest dafür alles andere hergeben, was wäre das?« Gib dieser Frage Raum und Zeit, folge ihr in dein Herz, und dort findest du die Essenz deines Lebens. Zum Beispiel: »Ich möchte für mich tiefen Frieden und echte innere Freiheit erlangen.«

Dein Beitrag ist das, was du mit uns allen teilst. Es ist das Geschenk, mit dem du in diese Welt kamst. Zum Beispiel: »Ich lehre. Ich liebe. Ich heile. Ich ordne. Ich führe.«

Deine Wirkung ist der Unterschied, den du durch deinen Beitrag im Leben anderer Menschen erzielen willst. Zum Beispiel: »Durch mich glauben Menschen mehr an sich. Durch mich wird die Umwelt wieder gesünder. Durch mich heilen Menschen.«

Du siehst anhand der Beispiele, dass unsere Mission etwas sehr Einfaches sein kann. Kein Firlefanz. Kein Spektakulum. Klar und einleuchtend wie der Polarstern. Sie zu ahnen oder genau zu kennen, hat Konsequenzen. Du kannst nicht mehr jeden Weg einschlagen und du kannst dich nicht mehr verstecken.

Ich musste meiner Mission folgen, als ich mein Medizinstudium abbrach und so die für mich vorbestimmte Karriere als Arzt verließ. Ich musste ihr folgen, indem ich die Beziehung mit einer Frau beendete, die ich sehr schätzte, aber nicht liebte. Ich folgte ihr bereitwillig, als plötzlich eine Frau mit einem dreijährigen Mädchen vor mir stand, denn in dem Moment wusste ich: Das ist meine Familie! Meine Mission hat mich hierhergeführt. Ich weiß nicht, was noch alles in mir darauf wartet, entdeckt zu werden. Aber ich weiß, dass ich am Ende des Tages nur mein Herz fragen muss und es mir genau sagt, ob ich heute meiner Mission treu gewesen bin oder nicht.

Ich glaube, gerade weil wir so Männer* so verführbar sind, ist die Mission neben der inneren Stille unsere bedeutsamste Kraftquelle. Ich weiß, wie schmerzhaft es sich anfühlt, wenn man seinen Pfad verloren hat. Kein Sex, kein Geld und auch keine Therapie wird das Loch füllen, das deine schlafende Mission in dir hinterlässt. Auf der anderen Seite: Wenn du deine Spur gefunden hast und ihr folgst, wirst du wissen, wer du wirklich bist. Die Ablehnung einer Person, die dir wichtig ist, oder ein Karriereknick werden immer noch schmerzen. Aber solche Erlebnisse erschüttern lange nicht mehr so stark dein inneres Zentrum.

Um eines klarzustellen: Deiner Mission zu folgen, heißt nicht, als ein narzisstisches Arschloch immer nur das zu tun, worauf du gerade Bock hast. Es bedeutet nicht, deine Familie im Stich zu lassen, um auf einen selbstverliebten Trip zu gehen. Es gibt einen wesentlichen Unterschied zwischen Egoaustoben und Selbstverwirklichung. Deine Mission ist individuell, aber nicht egoistisch. Es geht nicht darum, was *du vom Leben* willst, sondern was *das Leben von dir* will. Indem du deine Mission entdeckst und sie an die Welt verschenkst, erfüllst du dich auf einer wesentlich tieferen Ebene, als es dein kleines Ego je könnte.

Das Geschenk deiner Mission sind Selbstachtung, Freiheit und ein zufriedenes Lächeln am Ende deines Tages. In dir reift eine unantastbare Würde, die dir durch keine weltliche Niederlage mehr genommen werden kann. Für mich wird es immer uninteressanter, ob die Männer*, denen ich begegne, ein »moralisch korrektes« Leben führen. Viele von denen, die scheinbar alles richtig machen, sind innerlich leer. Ich wette mit dir: Alle Männer*, die du bewunderst, die dich wirklich interessieren und die deine Aufmerksamkeit auf sich ziehen, sind ihrem Ruf treu. Sie sind bereit, in wichtigen Entscheidungsphasen allein zu sein und die Konsequenzen aus ihrem Handeln zu tragen. Manche dieser Vorreiter kannst du auf einer persönlichen Ebene vielleicht nicht einmal leiden, doch etwas schwingt in ihrer Haltung, ihrer Stimme und ihren Lebensprojekten mit, das auch du achtest. Diese Männer* verwirklichen ihre eigene Essenz, anstatt die Geschichten anderer nachzuahmen.

Ich kenne viele gute Männer*, die ihre Mission im Laufe ihrer Familiengründung oder im Karrierehamsterrad vergessen haben. Doch sie war nie weg. Ich beobachte sie dabei, wie sie sie Schritt für Schritt wieder freilegen, und das ist wunderschön. Als Mann* deine Mission zu entdecken und zu leben, ist ein friedvoller Kampf, der täglich geführt werden möchte. Ein Kampf gegen das Einschlafen. Gegen faule Kompromisse. Gegen deine Versuchungen. Ein Kampf, so wach zu sein, dass deine innere Stimme zu dir sprechen kann. Ein Kampf für deine Werte, deine Träume, deine Visionen. Deinem Ruf treu zu sein, muss nicht mit spektakulären Aktionen verbunden sein. Es sind oft kleine, schlichte und doch wesentliche Siege deiner Würde: Wenn du bei einem Familientreffen ehrlich bist, obwohl du Angst vor der Ablehnung der anderen hast. Wenn du deinen Stolz überwindest und einen geliebten Menschen um Verzeihung bittest.

Wie findest du diesen Ruf? Wie findet dich deine Mission? Indem du vor allem aufhörst, dich zu bescheißen. Indem du aufhörst, dir einzureden, dass es schon okay ist, obwohl dein Herz etwas anderes spricht. Die meisten von uns werden im Laufe der Jahre Meister darin, sich ihre Kompromisse »vernünftig« zu erklären. Das hier ist dein Leben! Besser wird es nicht und irgendwann ist es vorbei. Nutze es!

SELBSTERFORSCHUNG UND UMSETZUNG

Was sind deine wichtigsten Erkenntnisse aus diesem Kapitel?

_____

_____

Was sind deine wichtigsten Schlussfolgerungen aus diesem Kapitel?

_____

_____

_____

_____

Weltliche Rollen und deine Mission

Welche Hauptrollen (Vater, Geliebter, Unternehmer ...) kannst du in deinem Leben wahrnehmen?

_____

_____

_____

_____

Wenn du dir von Gott, dem Universum oder dem Leben eine Sache wünschen könntest, die du hundertprozentig sicher erfüllt bekommst, was wäre das?

_____

_____

_____

Was, glaubst du, würdest du am Ende deines Lebens am meisten bereuen, wenn du es nicht getan hättest?

_____

_____

_____

In welchen Situationen deines Lebens erlebst du dich sinnerfüllt und in deiner Kraft? Versuche zu beschreiben, was genau dich in diesen Momenten so glücklich macht.

_____

_____

_____

In welchen Situationen deines Lebens erlebst du dich unerfüllt und sinnlos? Versuche zu beschreiben, was dir in diesen Momenten fehlt.

_____

_____

In welchen Lebensbereichen oder Situationen erlebst du dich noch als wartend, suchend, zweifelnd?

_____

_____

In welchen Lebensbereichen oder Situationen gehst du faule Kompromisse ein und verrätst deine Mission?

_____

_____

_____

Bist du bereit, jetzt damit aufzuhören?

☐ ja   ☐ nein

Wer sind deine großen Vorbilder und was könnte deren Leben mit deiner Mission zu tun haben?

_____

_____

_____

Wenn du heute 99 Millionen Euro geschenkt bekommen würdest, und du müsstest
- 33 Millionen für deine eigenen Bedürfnisse ausgeben,
- 33 Millionen in Weiterbildungen und die Entwicklung bestimmter Fähigkeiten investieren und
- 33 Millionen für allgemeinnützige Projekte spenden,

was genau würdest du mit dem Geld tun und was verrät dir das über deine Mission?

_____

_____

Stell dir vor, du könntest eine Erkenntnis oder einen Gedanken von dir jedem Menschen auf der Erde voll bewusst machen, was wäre das?

_____

_____

_____

_____

Stell dir vor, du könntest eine Sache auf der Erde verbessern, bevor du gehst. Was wäre das?

_____

_____

_____

Wie lautet deine Mission?

_____

_____

_____

_____

Empfehlungen zur Vertiefung

Ritual I: Deine Mission empfangen

Schaffe jeden Morgen ein wenig Raum und Zeit, bevor du dich in die Welt stürzt. Setze dich dafür an deinen besonderen Platz, an dem du Ruhe hast. Schließe deine Augen und frage dein Herz: »Wofür lebe ich? Wie kann ich heute meiner Mission gerecht werden?« Lausche der Antwort.

Schreibe dir die Frage »Was ist meine Mission in dieser Welt?« auf ein großes Blatt Papier. Positioniere es so in deinem Umfeld, dass du die Frage mindestens einmal täglich liest. Stelle dir die Frage mehrmals täglich, ohne sofort eine Antwort erzwingen zu wollen. Notiere alle Eingebungen, Ideen, Träume und Erkenntnisse.

Ritual II: Deine Grabrede

Dieses Ritual ist nichts für Feiglinge. Bist du bereit, dich mit deiner Sterblichkeit zu konfrontieren? Wenn ja, nimm dir dafür mindestens zwei Stunden Zeit ganz für dich allein. Nimm dir Stift und Papier und geh auf einen Friedhof. In echt. Setze dich zwischen die Gräber und konfrontiere dich mit deiner eigenen Sterblichkeit. Mach dir klar, dass auch du hier irgendwann liegen wirst. Niemand weiß, wann seine Zeit gekommen ist. Sei mutig und reise gedanklich in die Zukunft.

Stell dir vor, die Menschen, die dich am besten kannten, stehen an deinem Grab. Stell dir vor, du hast ein erfülltes, aufrechtes Leben gehabt. Eine*r hält eine Rede. Er oder sie beschreibt dein Leben, dein Wirken, deine Person. Schreibe diese Rede. Woran sollen sich deine Weggefährt*innen erinnern? Was hast du bewirkt? Was hast du verändert? Welche Spuren hast du in ihrem Leben hinterlassen? Richte dich bei deiner Beschreibung nicht nur daran aus, wie du bis jetzt gelebt hast. Stell dir vor, dass du von heute an noch mal so richtig Gas gibst. Wenn du einem Menschen sehr vertraust, dann lies ihm deine Grabrede vor.

Downloadbereich:
- Unter go.homodea.com/king findest du den Videovortrag »Der Sinn deines Lebens«.
- Ebenfalls findest du dort die geführte Meditation »Auf dem Berg deiner Mission«, die dir innere Klarheit über deine Mission verschaffen wird.

Kurstipp:
- Auf www.homodea.com findest du den Onlinekurs »The Call«, der dir hilft, deine wahre Berufung zu finden.

Buchtipps:
- Veit Lindau *Seelengevögelt. Manifest für das Leben.* Goldmann, 2016
- Simon Sinek: *Finde dein Warum: Der praktische Wegweiser zu deiner wahren Bestimmung.* REDLINE, 2018

Verantwortung und Vergebung leben

 These: Wir haben als Männer* sehr viel gutzumachen. Individuell und persönlich. Dabei geht es nicht um eine dich schwächende Schuld, sondern um eine dich stärkende Verantwortung.

Was liegt in deiner Verantwortung? Ich persönlich mag das Konzept von Schuld nicht. Denn Schuld ist ein psychologisch schwacher, destruktiver Zustand, in dem keine Neuschöpfung mehr möglich ist. Wenn wir jemandem die Schuld an etwas geben, basiert dies auf der Grundannahme, dass dieser Mensch besser hätte handeln können. Diese Perspektive auf Schuld ist meist mit der Energie von Anklage, Groll, ja Verdammung verbunden. Alle beteiligten Personen – die, die sich schuldig fühlt, und die, die anklagt – binden einen Teil ihres Bewusstseins an die Vergangenheit und verhindern so einen echten Neuanfang. In *Genesis* beschreibe ich ausführlich die Spirale aus Schuld, Vorwurf und Verachtung, in der sich Frau* und Mann* aus meiner Sicht evolutionär verkeilt haben. Ob wir wollen oder nicht, wir müssen uns alle mit den individuellen und kollektiven Verletzungen und Verhärtungen beschäftigen, die 10 000 Jahre Patriarchat auf beiden Seiten hinterlassen haben. Denn erst wenn die Vergangenheit vergeben ist, sind wir frei für eine neue Zukunft.

Ich weiß nicht, ob du die feministischen Debatten verfolgst oder denkst, es würde dich nichts angehen. Vielleicht betrachtest du dich als einer von den guten Männern*, behandelst alle Frauen* in deiner Umgebung höflich und respektvoll und denkst, damit wäre es getan. Das ist jedoch zu kurz betrachtet, denn in dem Fall hast du noch nicht verstanden, wer du bist. Du bist nicht nur Mann* XY mit seiner eigenen kleinen, persönlichen Geschichte. Du bist ein Nachfahre aller

Männer* und ein Repräsentant des gesamten männlichen kollektiven Feldes. Du kannst deinem Part an kollektiver Aufarbeitung und Heilungsarbeit nicht für immer aus dem Weg gehen, denn sie betrifft dich ganz direkt.

Bevor wir gemeinsam einen wirklich kühnen Neuentwurf menschlicher Beziehungen gestalten können, müssen wir Männer* bereit sein, innezuhalten und uns nicht nur intellektuell, sondern auch emotional mit dem ganzen Ausmaß der Unterdrückung konfrontieren, die Frauen* in 10 000 Jahren Patriarchat erfahren haben und es überall auf der Welt immer noch tun. Bei uns muss auch voll ankommen, welchen Preis wir Männer* bezahlt haben. Wir müssen die Geschichte verstehen, um die daraus entstandenen Verletzungen in unseren gegenwärtigen Beziehungen zu entdecken.

Hier an dieser Stelle möchte ich mich auf unsere Verantwortung und die daraus folgenden konkreten Konsequenzen konzentrieren. Denn nein, ich glaube nicht, dass wir schuldig sind. Unsere männlichen Vorfahren und wir haben bis hierher das Beste gegeben. Mehr war einfach nicht drin. Und ja, ich glaube an unsere Verantwortung, es von hier aus besser zu machen.

Schuld ist rückwärtsgewandt und auf Vorwürfe konzentriert. Verantwortung beginnt immer im Jetzt, richtet sich auf die Zukunft aus und erschafft neue Möglichkeiten.

Wer unsere bestehende Welt für gerecht und fair hält, lebt in einer Schlaraffenlandblase. Kriege, Umweltkatastrophen, eine gigantische Schere zwischen Arm und Reich, die Unterdrückung und Benachteiligung von Frauen*, Rassismus und noch vieles mehr hat sehr viel mit uns zu tun – ob wir das wollen oder nicht. Wir können die Lösung dieser Probleme nicht einigen wenigen Aktivist*innen überlassen. Diese Welt wurde an uns alle übergeben und es ist an uns, die Augen und Herzen zu öffnen und Verantwortung für ihre Heilung zu übernehmen. Besonders wir Männer* sind gefragt, denn es waren nun einmal überwiegend Männer*, die uns dieses Schlamassel eingebrockt haben. Du kannst dich diesen Tatsachen verweigern. Du kannst die Ungerechtigkeiten und Hilferufe ausblenden. Doch dann fehlst du. Dein Geist, deine Liebe, deine Kraft fehlen dann in diesen kommenden Jahrzehnten, die für die Menschheit so entscheidend sein werden. Wir alle müssen uns mit ganzem Herzen einbringen, um eine echte Wende herbeizuführen. Es mag mit dem Frieden in unseren Liebesbeziehungen und Familien beginnen, doch es geht um so viel mehr. All unsere Systeme lechzen nach mehr Weiblichkeit, nach Mitgefühl, nach Gerechtigkeit und Großzügigkeit. Übernimm Verantwortung für die Welt, in die du geboren wurdest. Heile sie. Hinterlasse sie besser, als du sie vorgefunden hast. Verstehe, dass dort, wo du lebst und wirkst, das gesamte kollektive Feld lernt. Die Art, wie du Mann* und Mensch bist, kann die alten destruktiven Strukturen im Denken und Handeln vertiefen – oder es kann sie aufbrechen und neu gestalten. Ob und wie Menschen sich in 1000 Jahren begegnen werden, wird nicht dann entschieden, sondern jetzt. Du bist ein Vorbild für jeden kleinen Jungen, der dich laufen, sprechen und handeln sieht.

Du bist für jedes kleine Mädchen und jede Frau* ein Repräsentant des gesamten männlichen Feldes. Durch die Art, wie du sie anschaust und ansprichst, werden ihre Vorurteile entweder bestätigt und vertieft – oder sanft und radikal erschüttert. In jeder kleinen Begegnung und in jeder langfristigen Beziehung zu einer Frau* kann eine so wohltuende Heilungs- und Vergebungsarbeit stattfinden, wenn du dir bewusst machst, dass du in diesem Augenblick ihre direkte Erfahrung von Männern* bist. Diese Heilung ist auch Arbeit. Sie passiert nicht von allein. Dafür wirken die alten Konditionierungen in uns und unseren Beziehungen noch zu stark. Wir brauchen Männer*, die die Verantwortung für die Neuerschaffung der inneren und äußeren Welten bewusst übernehmen. Nicht nur einmal, sondern jeden Morgen aufs Neue.

Stell dir vor, du würdest heute realisieren, dass die Zukunft der Welt nicht von irgendwelchen Staatspräsident*innen, Unternehmensführer*innen oder Wunderheiler*innen abhängt, sondern von dir. Stell dir vor, du hättest heute eine Offenbarung, die dir kristallklar aufzeigt, dass die Art und Weise, wie du heute denkst und handelst, die Welt retten kann. *Du* bist der Auslöser! Die meisten Menschen bringen sich nicht vollständig ein, weil sie sich nicht für wichtig genug erachten. Sie empfinden sich als kleine Zahnrädchen in einem riesigen Getriebe. Doch dem ist nicht so. Auf eine unerklärliche Weise bist du der Mittelpunkt der Welt. Wenn du das realisierst und auf eine entschlossene und zugleich entspannte Weise die Verantwortung übernimmst, dann bist du der Neuanfang. Dann bist du das Glied in der Kette deiner Ahn*innen, das der Vergangenheit Vergebung bringt, der Gegenwart Heilung und der Zukunft Hoffnung.

Das muss aber keine spektakulären Taten beinhalten. Wie wäre es, einfach damit zu beginnen, die Welt, durch die du täglich läufst, persönlicher zu nehmen? Zu lernen, die Erde als das dir anvertraute Paradies wesentlich mehr zu achten und respektvoller zu behandeln? Wie wäre es, wenn du auf deine nächste Zielliste an die oberste Stelle kein neues Auto oder den nächsten Karrieresprung setzt, sondern eine bessere Menschheit? Natürlich habe ich nichts gegen persönliche Ziele. Die habe ich ja auch auf meinem Wunschzettel. Doch stell dir einmal vor, alle Männer* dieser Welt würden vor allem anderen ihre schöpferische Energie in zwei gemeinsamen Anliegen bündeln: die Heilung der Welt und die Heilung unserer Beziehung zu Frauen*. Wir wären nicht aufhaltbar und würden Wunder bewirken!

Wir beginnen dort, wo wir leben, Verantwortung dafür zu übernehmen, was wir oder andere Männer* in Ignoranz angerichtet haben. Und wir machen es wieder gut. Stell dir vor, du würdest dort beginnen, wo du lebst, Frauen* mehr zuzuhören. Du würdest lernen, ihren Schmerz nachzuempfinden und ihre wahre Schönheit mehr zu sehen. Du würdest deinen Stolz loslassen und die Frauen* dich lehren lassen – über Mitgefühl, den Wert von Beziehungen, zwischenmenschliche Nuancen und sexuelle Feinheiten, die du bis jetzt plump übersehen hast. Ich habe eine Vision von einer Welt, in der jedes Mädchen anziehen kann, was es will, und jede Frau* allein an jeden Ort gehen und sich sicher fühlen kann. In dieser Vision begreifen sich Männer* als Hüter des Lebens. Nicht nur zu Hause. Überall. Folgende Situation erlebe ich manchmal und sie berührt mich so schmerzhaft: Ich betrete eine Gasse oder eine lange Treppe. Vor mir läuft eine Frau*. Sie nimmt wahr, dass hinter ihr ein Mann* läuft, und plötzlich kommt eine andere Spannung in ihren Körper. Sie dreht sich immer wieder um und kann den Weg nicht mehr genießen. Sie fühlt sich nicht sicher! Das tut mir weh. Für jedes Mädchen und jede Frau*. Aber auch für uns Männer*. Denn solange sich Frauen* in unserer Gegenwart nicht vollständig entspannen können, werden wir nie erfahren, wie wunderschön sie wirklich sind. Es mag sein, dass du als Mann* bereits die Frauen*, mit denen du täglich zu tun hast, achtsam behandelst. Aber das reicht nicht aus. Wir sind alle füreinander verantwortlich. Wir erziehen einander. Lerne, Frauen* durch deinen Blick nicht mehr wie Objekte abzutasten, sondern ihnen über deine Augen und deine Präsenz Respekt und Achtung zu vermitteln. Misch dich ein. Ergreife das Wort. Fordere deine Brüder auf, erwachsen zu werden.

Du siehst, Verantwortung zu übernehmen, ist so viel spannender, als in Schuld einzuknicken. Plötzlich offenbaren sich täglich so viele kleine und große Möglichkeiten, die Welt etwas besser und schöner zu machen. Bitte lass dich von dieser Verantwortung berühren. Dieses Paradies wurde *dir* anvertraut. Übernimm Verantwortung und hüte es.

SELBSTERFORSCHUNG UND UMSETZUNG

Was sind deine wichtigsten Erkenntnisse aus diesem Kapitel?

Was sind deine wichtigsten Schlussfolgerungen aus diesem Kapitel?

_____

_____

_____

Dein gegenwärtiger Umgang mit Frauen*

Wo kannst du sehen und anerkennen, dass du Frauen* stresst, verletzt, missachtest oder verängstigst? Werde konkret.

_____

_____

_____

Wo kannst du sehen und anerkennen, dass Frauen* in deiner Umgebung durch andere Männer* gestresst, verletzt, missachtet oder verängstigt werden? Werde konkret.

_____

_____

Zähle fünf bis zehn Privilegien auf, die Männer* in unserer Gesellschaft gegenüber Frauen* haben. Wenn dir nicht genug einfallen, lies den Abschnitt zum Patriarchat in _Genesis_.

1. _____

2. _____

3. _____

4. _____

5. _____

6. _____

7. _____

8. _____

9. _____

10. _____

Dein zukünftiger Umgang mit Frauen*

Wie sehr wärst du auf einer Skala von 1 bis 5 bereit, Verantwortung dafür zu übernehmen, dass sich die Menschen in deinem Umfeld, besonders Frauen* und Kinder, sicher fühlen? Kreise ein.

(1 = gar nicht, 5 = sehr)

    1   2   3   4   5

Wie sehr wärst du auf einer Skala von 1 bis 5 bereit, Verantwortung für die kollektive Heilungsarbeit unserer Vergangenheit zu übernehmen, selbst wenn du im Augenblick noch nicht wissen solltest, was das bedeutet? Kreise ein.

(1 = gar nicht, 5 = sehr)

    1   2   3   4   5

Wie sehr wärst du auf einer Skala von 1 bis 5 bereit, auch auf andere Männer* positiv einzuwirken? Kreise ein.

(1 = gar nicht, 5 = sehr)

1   2   3   4   5

Wie sehr wärst du auf einer Skala von 1 bis 5 bereit, den Frauen* in deiner Umgebung mehr zuzuhören? Kreise ein.

(1 = gar nicht, 5 = sehr)

1   2   3   4   5

Liste fünf bis zehn konkrete Ideen auf, wie du dich aktiv für die Heilungsarbeit zwischen Mann* und Frau* in deinen nahen Beziehungen zu Frauen* einsetzen kannst.

1. _____

2. _____

3. _____

4. _____

5. _____

6. _____

7. _____

8. _____

9. _____

10. _____

Empfehlungen zur Vertiefung

Ritual I: Deine Wirkung und Wiedergutmachung

Frage alle Menschen, die dir wichtig sind (besonders alle Kinder und Frauen*), am besten schriftlich:

- *Wie tue ich dir gut?*
- *Wie erzeuge ich Stress in deinem Leben?*
- *Womit habe ich dich verletzt?*
- *Wie kann ich dir zeigen, wie wichtig du mir bist?*
- *Was kann ich tun, damit du dich in meiner Anwesenheit entspannst?*

Erkläre diesen Menschen mit deinen Worten, warum du es wissen möchtest. Bitte sie, ehrlich und spezifisch zu sein. Versprich ihnen, dass du nicht diskutieren, sondern die Antworten offen wirken lassen wirst. Das tu dann bitte auch. Sicher wird dich manches treffen. Manches wirst du einsehen. Einiges wirst du anders sehen. Du musst diesen Menschen auch nicht in jedem Punkt entgegenkommen, doch lass dich in deinem Herzen berühren und dann erstelle für dich eine konkrete Liste, auf der du die folgenden Fragen beantwortest:

1. Wo möchtest du etwas gutmachen? Wie kann dir das gelingen? Welche Schritte kannst du dafür gehen?
2. Wem möchtest du mehr zeigen, dass du ihn liebst? Wie kann dir das gelingen?
3. Was möchtest du generell verändern, damit sich deine Mitmenschen, besonders Frauen* und Kinder, sicherer fühlen?

Ritual II: Lauschen

Bitte drei Frauen*, die du schätzt, dir ehrlich zu erzählen, was sie an Männern* nervt, welche negativen Erfahrungen sie mit Männern* gemacht haben und was sie sich von uns wünschen. Versprich ihnen, einfach nur zuzuhören und dich berühren zu lassen. Und dann tu genau das.

Downloadbereich:

- Unter go.homodea.com/king findest du den Audiovortrag (aus *Genesis*) über die Geschichte des Patriarchats.
- Ebenfalls findest du dort die Meditation »Werkzeug des Friedens«, die dich in ein wunderschönes Gebet für Heilung führt.

Buchtipps:

- Joni Seager: *Der Frauenatlas. Ungleichheit verstehen: 164 Infografiken und Karten.* Carl Hanser, 2020
- Sebastian Tippe: *Toxische Männlichkeit. Erkennen, reflektieren, verändern.* edigo, 2021
- Margarete Stokowski: *Die letzten Tage des Patriarchats.* Rowohlt, 2018
- Gabriele Uhlmann: *Der Gott im 9. Monat. Vom Ende der mütterlichen Gebärfähigkeit und dem Aufstieg der männlichen Gebärmacht in den Religionen der Welt.* BookOnDemand, 2015

Filmtipps:

- Theodore Melfi u. a. (Produktion); Theodore Melfi (Regie): *Hidden Figures.* 2016
- Robert W. Cort (Produktion); Mimi Leder (Regie): *Die Berufung – Ihr Kampf für Gerechtigkeit.* 2018
- Alison Owen, Faye Ward (Produktion); Sarah Gavron (Regie): *Suffragette – Taten statt Worte.* 2015
- Christina Piovesan, Celine Rattray (Produktion); Larysa Kondracki (Regie): *Whistleblower – In gefährlicher Mission.* 2010
- Álvaro Augustin, Fernando Bovaira (Produktion); Alejandro Amenábar (Regie): *Agora – Die Säulen des Himmels.* 2009

Deine Beziehung zu Frauen*

 These: Solange du deine Anima nicht entwickelst, bist du von Frauen* abhängig. Du wirst sie entweder herabsetzen oder bewundern. Doch du kannst die wahre Schönheit, Power und Weisheit einer Frau* erst dann voll erkennen, wenn du ihr eine echte evolutionäre Partnerschaft anbietest, von ihr lernst und neben ihr zum König erwachst.

Es ist dringend notwendig und überreif, das alte, klassisch binäre, heterosexuelle Geschlechterdenken à la »Es gibt nur zwei Geschlechter, nämlich Männer und Frauen« aufzulösen. Immerhin verorten sich derzeit allein in Deutschland mindestens 7 Prozent außerhalb dieses Schemas.[30] Zudem ist die große Mehrheit eingeladen, ihre eigene Sexualität wesentlich einzigartiger zu begreifen und zu befreien. Dennoch möchte ich mich in diesem Kapitel der Einfachheit halber auf unsere Beziehung zu Frauen* konzentrieren – in der Hoffnung, dass du deine Erkenntnisse daraus selbstverständlich auf alle Menschen ausdehnst, die »anders« ticken als du.

Viele Menschen stellen sich aktuell die Frage, ob wir überhaupt noch eine Unterscheidung zwischen Frau* und Mann* treffen müssen. Es existieren eindeutig belegbare biologische Unterschiede, etwa in Form eines »verkrüppelten« Chromosoms (sorry, liebe Männer*) oder eines signifikant anderen Körperbaus und Hormonspiegels.[31] Gleichzeitig können wir derzeit noch gar nicht einschätzen, wie massiv der strukturelle Einfluss unserer Erziehung vorprägt, in welche Richtung wir uns entwickeln.

Lass uns also davon ausgehen, dass Frauen* in vielen Aspekten sehr wohl anders sind als wir und die Welt auch verschieden wahrnehmen. Selbst wenn es nicht die »eine, typische« Frau* gibt, macht es durchaus Sinn, deine Beziehung zum »anderen Lager« der Frauen* unter die Lupe zu nehmen. Was suchst du in ihnen? Was liebst und verachtest du an ihnen? Welche Vorurteile hast du aufgebaut und welche eigenen Anteile projizierst du auf sie? Wenn du einmal ehrlich bist, siehst du sie auf Augenhöhe mit dir? Oder schätzt du sie als geringer ein oder stellst sie andererseits auf einen Sockel? Ist dir klar, dass sowohl deine Bewunderung als auch deine Verachtung mehr über *deine* Schattenanteile aussagt, als über *sie*?

Wie wichtig sind Frauen* für dich? Mental, emotional, sexuell, aber eben auch mit ihrem ganz konkreten Beitrag in deinem Leben? Ich stelle den Teilnehmern in unseren Männerevents dazu gern die Frage: Wie würde sich dein Leben verändern, wenn es gar keine Frauen* mehr gäbe? Wäre es dir dann immer noch so wichtig, ein Sixpack zu haben, ein großes Auto zu fahren, zu den erfolgreichen Vertretern unserer Spezies zu gehören? Wie viel von dem, was Männer* erschaffen oder erobert haben, haben wir bewusst oder unbewusst für Frauen* getan? Und wenn es keine Frauen* gäbe, woher würdest du all das bekommen, was du bisher selbstverständlich von ihnen empfangen hast – Tiefe, Emotionalität, Intuition, Wärme, Sinnlichkeit, Fürsorge, weibliche Weisheit?

Um ein Gefühl dafür zu bekommen, wo du in Bezug auf Frauen* stehst, möchte ich dir die fünf Entwicklungsstufen des Anima/Animus-Komplexes vorstellen.[32] Die meisten Männer* werden in einem biologisch männlich geeichten Körper geboren und lernen in den frühen Jahren ihrer Konditionierung, sich wesentlich stärker mit dem Animus, dem männlichen Pol, zu identifizieren. Der weibliche Pol, die Anima, existiert auch in uns, ruht aber relativ unterentwickelt im psychischen Schatten. Da unsere Seele jedoch nach Ganzheit strebt, projiziert sie diese Anteile nach außen – auf die Frau*. Dies geschieht in Form von Attraktion, Bewunderung, aber auch Verachtung und Furcht. Je unbewusster du dir deiner Anima bist, desto unreifer und co-abhängiger werden deine Beziehungen mit Frauen* verlaufen. Du wirst in ihnen immer wieder etwas suchen, was dir (scheinbar) fehlt. Du wirst dich verlieben. Du wirst glauben, eine Frau* zu brauchen, und dich von ihr abhängig machen. Martin Ucik unterscheidet in seinem Buch *Integrale Beziehungen*[33] fünf Entwicklungsstufen in diesem Animus-Anima-Tanz. Ich stelle sie dir kurz vor, empfehle dir aber sehr das Buch. Schau, wo du dich selbst wiederfindest.

1. Symbiose: Du willst nicht erwachsen werden und suchst in der Frau* eine potenzielle Mutter, eine Spenderin von Nahrung, Sicherheit und mütterlicher Liebe. Du kannst dir sicher vorstellen, wie sexy Männer* auf dieser Stufe für echte Frauen* sind!

2. Sexuelle Objektifizierung: Du siehst Frauen* primär als Sexobjekt. Männer* auf dieser Ebene erobern gern, haben jedoch Schwierigkeiten mit verbindlichen Beziehungen.

3. Kooperation mit klarer Rollenverteilung (im klassischen Kontext die Ehe, Kleinfamilie): Beide Seiten haben sich mit dieser stereotypen Einteilung abgefunden. Die Entwicklung stagniert, da beide dem jeweils anderen abnehmen, bestimmte Aspekte in sich selbst zu entwickeln.

4. Aufbruch und Chaos: Ausgelöst wird es meistens durch die Frau*. Sie emanzipiert sich und bekommt so auch einen starken Zugang zu ihren männlichen Qualitäten. Sie beginnt, Eigenständigkeit zu genießen. Sie fordert mehr von dem Mann* an ihrer Seite und gleichzeitig braucht sie ihn nicht mehr. Wenn der Mann* trotzig darauf beharrt, dass er okay ist, wie er ist, kann es sein, dass an dieser Stelle eine langjährige Partnerschaft oder Ehe zerbricht. Wenn ein Mann* die Herausforderung jedoch annimmt, begreift er, dass er bestimmte innere Defizite nicht mehr durch die Frau* an seiner Seite decken kann. Er ist nun endlich bereit, sich aus sich heraus zu entwickeln. Frauen* werden zu Inspirationsquellen für die Entfaltung seiner eigenen Anima. Er taucht in die Tiefe, entwickelt Intuition, beginnt sich selbst zu lieben.

5. Co-Creation: Zwei wache, in sich vollständige Partner*innen begegnen sich. Beide haben den jeweils entgegengesetzten Pol in sich gefunden und begonnen, ihn zu integrieren. Sie kommen nun nicht mehr zusammen, um sich glücklich zu machen, sondern um

gemeinsam noch glücklicher zu werden. Aus Ausbeutung und Co-Abhängigkeit reifen beide nun auf ein völlig neues, derzeit noch selten erlebbares Beziehungslevel – die Co-Creation.³⁴

Die Frau* reift zur Königin. Sie ruht in sich und geht endlich, auf ihre Weise, viel stärker in Führung. Der Mann* reift zum König. Er ruht in sich. Er kann im freien Wechselspiel auf seine männlichen und seine weiblichen Qualitäten zurückgreifen. Gerade weil er weiß, wer er ist, lernt er auch gern von Frauen*. Er realisiert, dass das Erstarken aller Frauen* nicht seine Unterdrückung, sondern seine Befreiung bedeutet. Deshalb unterstützt er ihren Entfaltungsprozess freiwillig, und zwar nicht nur in seiner Geliebten, sondern in jedem Mädchen und jeder Frau*. Er versteht das *weibliche Führungsdilemma*. Wir brauchen, um die Menschheit zu retten und auf das nächste Level hin zu entwickeln, wesentlich mehr weibliche Qualitäten und Weisheit genau dort, wo Entscheidungen für die Zukunft getroffen werden: in Wissenschaft, Wirtschaft, Erziehung und Politik. Doch in einer gegenwärtig noch stark patriarchal strukturierten Welt müssen Frauen* massiv kämpfen, um gehört zu werden. Nicht, dass Frauen* das nicht können. Doch der Preis, den sie und damit wir alle dafür bezahlen, ist enorm hoch. Sie müssen gegen ihre eigene Natur angehen und werden härter (männlicher), als sie sind. Davon haben wir alle nichts. Ein reifer Mann* erkennt, dass er nur gewinnen kann, wenn er Frauen* ohne Kampf, sondern in Freude und Achtung mehr Raum bietet, sich zu offenbaren, zu sprechen, zu lehren und zu führen. Diese Haltung ist weder unterwürfig noch selbstlos, sie ist stark und liegt im eigenen Interesse. Denn unsere Welt wird untergehen, wenn wir weibliche Qualitäten wie Lieben, Teilen, Gemeinwohl, Großzügigkeit nicht wesentlich bewusster und wirksamer fördern.

Wir Männer* können noch gar nicht wissen, wie schön und weise Frauen* sind, solange sie in einem individuell und strukturell so unsicheren und zum Teil toxischen Milieu aufwachsen. Wenn du willst, dass die Frauen* in deinem Leben ihr volles inneres und äußeres Potenzial offenbaren, dann ehre sie auf eine natürliche Weise. Sei für sie ein echter wacher Safe Space. Lausche ihnen aufmerksam und lass dich von ihrer Sicht berühren, sodass sie nicht mehr schieben müssen, um gehört zu werden. Fühle sie. Halte es aus, wenn sie auch endlich ihre ganze Verbitterung und ihren Frust auf den Tisch packen. Denn jede Frau* trägt den Schmerz und die Wut jeder anderen unterdrückten Frau* in sich. Biete ihr eine evolutionäre Freundschaft an. Mach dich nicht klein vor ihr. Das hasst sie. Sie will dich auf Augenhöhe. Sie sehnt sich nach einem echten Sparringspartner für diese nächste Runde der Evolution. Finde Souveränität in dir, sodass du sie nicht mehr herabsetzen musst, um dich stark zu fühlen. Sei so groß, bei ihr in die Lehre gehen zu können. Die Frage ist: Bist du bereit, neben einer Königin selbst der König zu werden, der du bist?

SELBSTERFORSCHUNG UND UMSETZUNG

Was sind deine wichtigsten Erkenntnisse aus diesem Kapitel?

_____

_____

_____

Was sind deine wichtigsten Schlussfolgerungen aus diesem Kapitel?

_____

_____

_____

Versteckte Glaubenssätze

Bitte lies dir die folgenden Satzanfänge laut vor und vervollständige sie, *ohne nachzudenken.* So kommst du deinen unbewussten Glaubenssätzen auf die Spur.

Frauen* sind _____

Frauen* müssen _____

Was mich an Frauen* nervt, ist _____

Frauen* können nicht_____

Was ich an Frauen* liebe, ist _____

Was ich an Frauen* hasse, ist _____

Was ich von Frauen* brauche, ist _____

Was ich von Frauen* nicht annehmen will, ist_____

_____

Was ich an Frauen* bewundere, ist _____

_____

Was Frauen* nicht von mir wissen sollen, ist_____

_____

Was ich an Frauen* fürchte, ist_____

Was ich von Frauen* unbedingt will, ist_____

_____

_____

Was mich an Frauen* schwach macht, ist _____

_____

Was ich von Frauen* lernen möchte, ist_____

_____

Was ich in der Beziehung zu Frauen* möchte, ist _____

_____

Was ich jetzt in der Beziehung zu Frauen* verändern werde, ist_____

_____

Die wichtigste Frau* in meinem Leben ist _____

_____

Was ich dieser Frau* verdanke, ist _____

_____

Was ich dieser Frau* sagen möchte, ist_____

_____

*Dein Blick auf Frauen**

Wie würdest du deine Beziehung zu Frauen* beschreiben?

_____

_____

Welche negativen Vorurteile hast du gegenüber Frauen*?

_____

_____

Bist du bereit, diese infrage zu stellen?

☐ ja   ☐ nein

Was glaubst du, was du konkret von Frauen* lernen könntest?

_____

_____

_____

Wofür bist du Frauen* dankbar?

_____

_____

Wie begegnest du Frauen* auf einer Skala von 1 bis 5? Kreise ein.

(1 = sehr geringschätzig, 5 = angemessen respektvoll und achtsam)

1   2   3   4   5

Fühlst du dich von einer oder mehreren Frauen* abhängig? Wenn ja, warum? Was genau brauchst du so dringend von ihnen?

_____

_____

_____

Wer sind die ein bis drei gegenwärtig wichtigsten Frauen* in deinem Leben?

1. _____

2. _____

3. _____

Wie bereichern sie konkret dein Leben?

_____

_____

_____

Wissen sie, wie wichtig sie für dich sind, und zeigst du es ihnen?

_____

_____

_____

Als du die fünf Entwicklungsstufen deiner Anima gelesen hast (s. Seite 150), auf welcher Stufe hast du dich wiedergefunden?

☐ Stufe 1: Symbiose
☐ Stufe 2: Sexuelle Objektifizierung
☐ Stufe 3: Kooperation mit klarer Rollenverteilung
☐ Stufe 4: Aufbruch und Chaos
☐ Stufe 5: Co-Creation

Was schlussfolgerst du daraus? Bist du vollständig zufrieden mit dem Mann*, der du bist, oder möchtest du dich weiterentwickeln? Wenn ja, wie?

_____

_____

Gibt es eine besonders wichtige Frau* in deinem Leben, mit der du eure Beziehung bewusst auf ein neues Level entwickeln willst? Wenn ja, wer ist das?

_____

_____

Weiß sie davon?
☐ ja   ☐ nein

Was könnte dein nächster, konkreter Schritt sein, diese Beziehung weiterzuentwickeln?

_____

_____

Empfehlungen zur Vertiefung

Ritual I: Frauen* – deine Lehrerinnen

Gibt es eine, zwei oder drei Frauen* in deinem Leben, die du sehr respektierst? Bist du bereit, dich von ihnen noch viel mehr inspirieren und lehren zu lassen? Dann bitte sie offiziell darum, deine Mentorinnen zu sein. Erkläre ihnen, dass du aufrichtig daran interessiert bist, Frauen* besser verstehen zu lernen und durch Frauen* deine eigene weibliche Seite besser zu entdecken. Frag sie, was sie dafür von dir brauchen. Und dann geh in die Lehre ...

Ritual II: Deine Anima wecken

Die folgende Empfehlung ist absolut ernst gemeint. Nimm dir mindestens einen halben Tag Zeit, zieh Frauenkleider an, die dir gefallen, und lass dich eventuell sogar schminken. Wenn du ganz mutig bist, geh so auf die Straße. Doch es wird schon viel mit dir machen, wenn du einige Stunden zu Hause in Frauenkleidern herumläufst. Lege dir Lieder auf, in denen Frauen* besungen werden (etwa »Woman in Love« von Barbra Streisand, »Girl on Fire« von Alica Keys, »I'm Every Woman« von Whitney Houston), tanze danach und rufe deine innere Anima an, sich zu zeigen. Ich will nicht zu viel verraten. Du wirst überrascht sein. Und keine Angst, du wirst dadurch nicht weniger männlich. Im Gegenteil.

Downloadbereich:

- Unter go.homodea.com/king findest du das vertiefende Video »Die wahre Liebe«.

Kurstipps:

- Die Onlinekurse »liebeswerk«, »Königin und Samurai« und »Co-Creation. Das nächste Level der Liebe« auf www.homodea.com eignen sich hervorragend, um allein oder als Paar die Kunst lebendiger Beziehungen weiterzuentwickeln.

Buchtipps:

- Veit Lindau: *Liebe radikal. Wie du deine Beziehungen zum Erblühen bringst.* Kailash, 2014
- Martin Ucik: *Integrale Beziehungen: Ein Ratgeber für Männer.* Phänomen Verlag, 2012
- Renzo Barsotti: *Entdecke über 200 starke Frauen und wie sie die Welt verändert haben.* Ullmann Medien, 2019
- Kay Woodward und Andreas Jäger: *Power Women — Geniale Ideen mutiger Frauen. Was würden sie dir raten?* arsEdition, 2018

Sex und erotische Intelligenz

 These: Wache und würdevolle Sexualität fängt lange vor dem Vögeln an. Sie beeinflusst maßgeblich dein Selbstverständnis und ist eine der zentralen Quellen deines Selbstwertes.

In diesem Kapitel geht es um den schönsten und heikelsten Bereich unseres Lebens überhaupt. Ich schreibe dir hier nicht als Sexexperte, der behauptet, dieses Thema gemeistert zu haben, sondern als ein sinnlicher, lustvoller, forschender Mann*, der – wahrscheinlich wie du – von Sex oft tief fasziniert, verängstigt, erfüllt, erschüttert, gerüttelt, verunsichert, ermächtigt und geheilt wurde und wird. Mir ist klar, dass wir das Thema nicht in diesem einen Kapitel abhandeln können. Mein Ziel ist es, dich zu ermutigen, dich deiner Sexualität frisch und ohne den Bullshit zu stellen, den wir Männer* uns und der Welt gern dazu erzählen. Egal, wie alt du bist und wie festgefahren sich dein Sexleben vielleicht manchmal anfühlt – da gibt es noch so viel mehr zu entdecken. Bis zum letzten Atemzug.

Ich behaupte, du *musst* dich dem Thema ehrlich und gründlich stellen, wenn du Zugang zu deinem echten Selbstwert finden willst. Denn Eros ist neben Logos deine zweite Superpower. Doch wir können uns von ihr nur lehren lassen, wenn wir bereit sind zuzugeben, wie wenig wir eigentlich von ihr wissen. Leicht erregt zu sein, deinen Schwanz irgendwo reinzustecken und zu kommen, hat mit sexueller Meisterschaft genauso viel zu tun, wie zu denken, du wärest ein Virtuose auf der Geige, weil du »Alle meine Entchen« auf ihr zupfen kannst. Sorry, wenn ich es so ungeschönt ausdrücke: Die meisten Männer* verfügen über eine nur rudimentär entwickelte erotische und ästhetische Intelligenz. Unter erotischer Intelligenz verstehe ich deine Fähigkeit, Eros in Form von Gedanken, Gefühlen und Energien immer feiner wahrzunehmen und im Sinne deiner Seele und zum Wohle aller einzusetzen. Unter ästhetischer Intelligenz verstehe ich deine Fähigkeit, wahre Schönheit wahrzunehmen und zu fördern. Ja, ich behaupte, wir Männer* sind (bis auf wenige Ausnahmen) unbeholfene Anfänger in beiden Disziplinen.

Der Vergleich mit der Geige war nicht zufällig gewählt. Stell dir vor, ich drücke dir eine Stradivari in die Hand und verlange von dir, jetzt sofort eine Violinsonate von Brahms zu spielen. Mal abgesehen von dem unwahrscheinlichen Fall, dass du tatsächlich ein Virtuose auf der Geige bist, würdest du mich vermutlich auslachen: »Hast du keine Ahnung, wie lange es dauert, dieses Instrument spielen zu lernen?!« Gleichzeitig würdest du aber auch nicht lauthals herumerzählen, was für ein extrem guter Geiger du bist, stimmt's? Denn du hast es nicht gelernt. Du ahnst, worauf ich hinauswill. Eine Frau*? Wesentlich komplexer als eine Sonate. Dein Körper? Eigentlich eine Stradivari der erotischen Kunst. Über Millionen Jahre darauf vorbereitet, dir in Kombination mit Bewusstsein unermesslich feine, erotisch-erfüllende Erfahrungen zu bereiten. Doch wie viele Stunden wurdest du darin unterrichtet?

Zu keinem anderen Thema bluffen wir Männer so sehr, reißen so dämliche Sprüche und haben so veraltete Vorstellungen wie beim Sex.*

Auf keinem anderen Gebiet kreieren wir so viel Leid für andere durch Ignoranz, grobe Geilheit und Gewalt. Wir nehmen uns selbst so viel an möglicher Freude und Freiheit, wenn wir erwarten, diese so hochsensible, vielschichtige Kunst schlicht mittels Versuch und Irrtum zu meistern.

Wir sind Stümper und haben Angst, es zuzugeben. Doch tatsächlich verbirgt sich im Eingeständnis unseres Anfängertums eine sensationell gute Nachricht. Wenn schon ein bisschen Herumejakulieren so viel Spaß bereiten kann, was ist dann wohl möglich, wenn du in das Erforschen von Schönheit etwas mehr Zeit und Aufmerksamkeit investierst? Bist du bereit, ein Meister sexueller Energien zu werden und in bisher ungeahnte Freuden einzutauchen?

Freu dich auf:

- mehr Tiefenschärfe beim Flirt, im Sex und überall,
- einen stark vermehrten Ausstoß von Ekstase erzeugenden Neurotransmittern und Ganzkörperorgasmen, die sich über Stunden hinstrecken können,
- Freiheit durch die Loskoppelung deiner Lust von äußeren Reizen,
- würdevollen Sex mit den Partner*innen deiner Wahl, ohne Leistungsdruck, spontan, verspielt, nicht nur kurzfristig erregend, sondern langfristig erfüllend,
- eine tantrische Intimität mit dem gesamten Universum,
- den Genuss wirklicher Nähe, die heilt und stillt.

Klingt das dick aufgetragen? Glaub mir, ist es nicht. All das ist mit ein wenig Weiterbildung und gutem Willen für dich möglich.

Neben deinem persönlichen Vergnügen gibt es noch zwei weitere zwingende Gründe, dich ausführlich mit deiner Sexualität zu beschäftigen. Der erste ist deine Partnerin oder dein Partner. Gerade wenn ihr gewählt habt, monogam zu leben, beeinflusst deine erotisch-ästhetische Intelligenz maßgeblich die Qualität eurer Begegnungen und damit Leid oder Lust dieses Menschen. Es ist egoistisch, Treue zu erwarten und dich dann nicht für maximalen Spaß zu engagieren. Der zweite Grund liegt mir besonders stark am Herzen: Solange Männer* zwar Anzüge tragen und Computer programmieren können, sich aber sexuell auf einer sehr groben Entwicklungsstufe befinden, werden sie immer wieder unermessliches Leid über Mädchen, Jungs und Frauen* bringen. Das beginnt bei anzüglichen, grenzüberschreitenden Blicken und endet bei sexuellem Missbrauch. Wir *müssen* das in den Griff bekommen, und das werden wir erst, wenn wir uns selbst auf dieser Ebene besser kennenlernen. Lust und Aggression sind die zwei mächtigsten Urkräfte in jedem Mann*. Wenn du nicht lernst, sie zu halten, ohne sie auszuagieren, bist du eine Gefahr für deine Umgebung. Wenn du sie hingegen aus Angst vor Kontrollverlust unterdrückst, läufst du als Schlappschwanz durch die Gegend und fehlst im Spiel des Lebens!

Ich wünsche mir, dass dieses Kapitel in dir eine Tür zu einem riesigen Abenteuerland öffnet, in dem du so viel über dich erfahren und viele glückselige Momente erleben kannst. Um dir noch mehr Lust zu machen, diese Schwelle zu überschreiten, möchte ich einige Thesen mit dir teilen.

1. Sexualität ist – solange du hier inkarniert bist – eine der stärksten Lebenskräfte, die durch dich fließen. Sie willkommen zu heißen, zu verstehen und halten zu lernen, ist essenziell für deine Selbstachtung und die Wirksamkeit deiner Schöpferkraft.

2. Du trägst mindestens vier verschiedene sexuelle Impulse[35] in dir, die oft zeitgleich auf dich einwirken. Dein Stammhirn, das evolutionäre Erbe der Reptilien, will einfach nur ficken, töten oder fliehen. Dein limbisches System stammt von unserem Säugetiererbe. Auf dieser Ebene wirst du von Primärfantasien angetrieben. Dieser Teil in dir reagiert auf Brüste, breite Becken, Düfte, bestimmte Haarfarben. Dein Großhirn ist das jüngste deiner Gehirne. Es ist tatsächlich dein größtes Sexualorgan – egal, wie lang dein Penis ist. Von hier wirken deine Konzepte, deine Zweifel, deine Fantasien, Moral und Werte, deine Prägungen durch vergangene Erfahrungen und durch Erziehung auf dich ein. Wenn es verkrampft, läuft weiter unten gar nichts. Wenn es sich in Fantasien verirrt, machst du dich von Bildern abhängig. Zuletzt ist da noch deine Seele, die sich nach wirklicher Kommunion mit deiner Partnerin oder deinem Partner sehnt. All diese verschiedenen Strömungen in dir bewusst zu erkennen und zu integrieren, ist eine Lebensaufgabe.

3. Es gibt nicht die *eine* richtige Sexualität. Es gibt vielmehr 7,8 Milliarden[36] einzigartige Mixe. Du hast das Recht auf deine eigene Form der würdevollen Sexualität. Würdevoll bedeutet: Du fühlst dich wohl damit und es tut denen gut, mit denen du deine Sexualität teilst.

KING IS BACK - AUFBRUCH IN EINE NEUE MÄNNLICHKEIT

4. Sex ist neben deiner Mission *die* Quelle schöpferischen Antriebs in dir. Unterdrückst du sie, fehlt sie dir in allen Bereichen. Deine Kreativität versiegt.[37] Deine Ausstrahlung verblasst. Du wirst weniger Erfolg haben, als du könntest. Verlierst du dich in ihr, fehlt dir die Power, nachhaltig etwas aufzubauen.

5. Sex beginnt, lange bevor du mit jemandem im Bett landest. Das gesamte Leben ist eine zutiefst erotische Angelegenheit. Sexuelle Resonanzen, die in dir ausgelöst werden, wenn du auf der Straße fremden Menschen begegnest. Der Regentropfen auf deinem Gesicht. Ehrliche Gespräche über Sex. Alles, wirklich alles kann zutiefst erotisch sein. Wenn du dich für diese Dimension öffnest, wirst du wesentlich mehr Erfüllung erfahren.

6. Alle sexuellen Impulse in dir wahrzunehmen, bedeutet nicht, sie auch alle ausleben zu müssen. Wenn du dich auf einen kurzfristigen Weg der Entladung konzentrierst, wirst du nie erfahren, wie powervoll und süß diese Kraft wirklich ist. Wenn du die sexuelle Energie voll in dir begrüßt und lernst, sie aus Kopf und Schwanz in den gesamten Körper zu lenken, sie zu halten, ohne etwas mit ihr machen zu müssen, dann führt sie dich in einen Raum der Ekstase und Kraft, von dem die meisten Männer* (noch) keine Ahnung haben. Von hier aus kannst du dich frei entscheiden, was du mit der Energie machen willst. Willst du sie mit einem anderen Menschen teilen? In ein kreatives Projekt einfließen lassen? Oder immer feiner in dir aufsteigen lassen, bis sich dein Eros mit dem gesamten Kosmos vereint?

7. Die Kunst des Sex beginnt mit dir allein. Selbstbefriedigung ist nicht nur zum Druckabbau gedacht. Wenn du dir bis jetzt nur schnell einen von der Palme gewedelt hast, wirst du überrascht sein, wie erfüllend und heilsam die Begegnung mit dir selbst sein kann. Würdevolle Selbstbefriedigung lehrt dich Selbstliebe. Sie zeigt dir, wie das Instrument deines Körpers optimal funktioniert. Dadurch lernst du, Orgasmen im ganzen Körper auszuweiten, ohne ejakulieren zu müssen. Obwohl dir der Spaß zum Ab-

schluss gegönnt sei. Du kannst dich so ohne Fantasien erregen, was dir eine neue Freiheit im Umgang mit Frauen* gibt. Du wirst dich beim Sex zu zweit viel kompetenter fühlen, weil du weißt, wie du die Energien halten und lenken kannst.

8. Manche Männer* verhalten sich wie emotionale Feiglinge. Wir lügen nicht, um unsere Frau* zu schonen, sondern weil wir uns vor ihrem Schmerz und ihrer Wut fürchten. Lebst du mit einer Frau* zusammen, wird sie dich auffordern, alles ehrlich mit ihr zu teilen. Wenn du es dann tust, wird sie am Anfang eventuell mit Zorn und Enttäuschung reagieren. Deine Wahrheit zerstört ihre romantischen Illusionen. Bleibst du dann in diesem Feuer stehen, wird sie verstehen, dass du sie tiefer liebst. Dass deine Wahrheit zwar schmerzt, aber vor allem ein Geschenk an sie ist. Sie wird kämpfen. Sie wird mit ihren Verletzungen zu tun haben. Sie wird an deiner Seite wachsen und auch dir mit neuem Respekt begegnen.

9. Sex beginnt und endet mit Kommunikation. Ein guter Liebhaber hört zu. Er gibt Raum. Wenn im Bett nichts mehr läuft, habt ihr sehr wahrscheinlich kein sexuelles, sondern ein Kommunikationsproblem. Manchmal sind es die Sorgen auf der Arbeit oder die Zwistigkeiten bei der Erziehung der Kinder, die Eros aus dem Haus verdammen. Wenn ihr euch zusammensetzt und über alles sprecht – auch über alles, was nicht mit Sex zu tun hat –, könnt ihr euch beim Sex wieder frei begegnen.

10. Auch wenn du dich für spirituell erleuchtet hältst – es schadet deiner vollständigen und nachhaltigen Reifung, wenn du deine Energie auf deine höheren Zentren konzentrierst und unter der Gürtellinie langsam verödest. Echte spirituelle Kraft baut sich von unten nach oben auf.

Jetzt wünsche ich dir ein ehrliches Hinschauen. Hol dir deine sexuelle Würde und Power zurück und feiere sie!

SELBSTERFORSCHUNG UND UMSETZUNG

Was sind deine wichtigsten Erkenntnisse aus diesem Kapitel?

_____

_____

_____

Was sind deine wichtigsten Schlussfolgerungen aus diesem Kapitel?

_____

_____

Sexuelle Selbsterforschung

Wie erlebst du deine aktuelle sexuelle Erfüllung auf einer Skala von 1 bis 7? Kreise ein.

(1 = extrem unerfüllt, 7 = ausgezeichnet)

1   2   3   4   5   6   7

Wie erlebst du deine Klarheit über deine sexuelle Identität auf einer Skala von 1 bis 7? Kreise ein.

(1 = extrem unklar, 7 = ausgezeichnet)

1   2   3   4   5   6   7

Wie schätzt du dein Wissen über Sex auf einer Skala von 1 bis 7 ein? Kreise ein.

(1 = gar nicht vorhanden, 7 = ausgezeichnet)

1   2   3   4   5   6   7

Auf einer Skala von 1 bis 7, wie wohl fühlst du dich als sinnlich-sexuelles Wesen in deiner Haut? Kreise ein.

(1 = sehr unwohl, 7 = sehr wohl)

1   2   3   4   5   6   7

Wie schätzt du die Erfahrung von Freiheit in deiner Sexualität auf einer Skala von 1 bis 7 ein? Kreise ein.

(1 = gar nicht vorhanden, 7 = ausgezeichnet)

1   2   3   4   5   6   7

Wie schätzt du die Ehrlichkeit deiner Kommunikation zu sexuellen Themen auf einer Skala von 1 bis 7 ein? Kreise ein.

(1 = sehr unehrlich, 7 = absolut ehrlich)

1   2   3   4   5   6   7

Wenn diese Lektion in *King is back* ein echtes Wunder in deiner Sexualität bewirken könnte, was würdest du dir wünschen?

_____

_____

_____

_____

Wärst du bereit, für dieses Wunder mehr Zeit und Energie als bis jetzt zu investieren?

☐ ja   ☐ nein

Bist du bereit, für dieses Wunder ehrlicher mit deiner Partnerin oder deinem Partner über Sex zu sprechen?

☐ ja   ☐ nein

Deine Beziehung zu Sex

Beschreibe deine Beziehung zu deiner Sexualität und zu Sexualität überhaupt.

_____

_____

_____

Wie beeinflusst deine Beziehung zu Sex deine Selbstachtung?

_____

_____

_____

Wo in deinem Leben fühlst du sexuelle Energien, Interessen und Kräfte am Wirken?

_____

_____

_____

Wenn du völlig frei wählen könntest, wie sähe deine Form würdevoller Sexualität aus?

_____

_____

_____

Wo und wie traust du dich noch nicht, deine passende Form gelebter Sexualität zu erforschen, anzusprechen und umzusetzen?

_____

_____

_____

Wo und wie lebst du Sex in einer Form, die dir nicht guttut?

_____

_____

_____

Wovor hast du Angst? Was kosten dich deine Ängste auf Dauer?

_____

_____

_____

Wie gehst du mit sexueller Attraktivität gegenüber anderen Menschen um? Kannst du sie bewusst in dir willkommen heißen?

_____

_____

_____

Erlaubst du dir, alles zu fühlen, *und* hast du in Bezug auf Sexualität klare Werte? Kennst du die Linie, die du nicht überschreiten würdest?

\
\
\

Benenne deine Werte bezüglich Sexualität.

\
\
\

Was würdest du im Sex gern verbessern und verfeinern?

\
\
\

Befriedigst du dich selbst? Wenn ja, wie? Fühlt es sich gut, würdevoll, liebevoll an? Wenn nein, warum nicht?

\
\
\

In welcher Beziehung ist es Zeit, in Bezug auf Sex reinen Tisch zu machen?

_____

_____

_____

_____

Nimmst du dir regelmäßig Zeit, mit deiner Partnerin oder deinem Partner ehrlich und genau über Sex zu sprechen? Ist dies vielleicht ein guter Zeitpunkt?

_____

_____

_____

Wie kannst du deine unteren Energiezentren mehr beleben und integrieren?

_____

_____

_____

_____

Empfehlungen zur Vertiefung

Ritual: Umarme deine sexuelle Energie

Nimm dir Zeit. Mindestens eine Stunde. Stelle sicher, dass du in dieser Zeit auf gar keinen Fall gestört wirst. Zieh dich an einem schönen Platz aus. Stell dich hin. Schüttel dich erst einmal ein paar Minuten richtig durch. Gern mit Musik. Lockere deinen Körper. Atme tief. Nun beginne, dich zu erregen. Wenn möglich ohne Pornografie. Achtung! Auf gar keinen Fall sofort kommen. Du musst es schaffen, die Energie aufzubauen und dann zu halten. Wenn sie intensiv wird, hör auf, dich zu stimulieren. Spüre sie in deinem Genitalbereich, streiche von dort aus hoch über deinen ganzen Körper. Atme dabei tief und langsam aus und ein. Stell dir vor, wie sich die Erregung im ganzen Body verteilt. Genieße die Elektrizität. Wenn es nachlässt, stimuliere dich wieder vorsichtig weiter (nicht kommen!). Verteile die Energie wieder im ganzen Körper. Nimm sie ganz bewusst wahr. Versuche, dich von Fantasien zu lösen und einfach mit deiner Lust zu sein. Fühle sie und bejahe sie. Sprich es laut aus: »Diese Lust ist mein Geburtsrecht. Ich habe das Recht, sie grundlos und überall und immer feiner zu fühlen.« Streichle deinen ganzen Körper. Erlaube dir, dich intim mit dir zu fühlen. Sexuell *und* liebevoll. Tanze ruhig ein wenig zu einer schönen Musik. Stell dir vor, du rufst Eros in deinen Körper. Wenn du irgendwann (frühestens nach 20 Minuten) kommen willst, genieße es.
Setz dich im Nachklang hin und schreibe auf, was du dir für deine Sexualität wünschst.

Downloadbereich:

- Unter go.homodea.com/king findest du das vertiefende Video »Deine sexuelle und erotische Intelligenz«.
- Ebenfalls findest du dort die Meditationen »Das Licht deines Körpers«, um Freude, Energie und Lust im Körper zu erfahren, sowie »Hüterin des Wassers«, um deiner weiblichen Seite zu begegnen.

Buchtipps:

- Ann-Marlene Henning und Tina Bremer-Olszewski: *Make Love. Ein Aufklärungsbuch.* Goldmann, 2017
- John Gray: *Beyond Mars and Venus. Relationship Skills for Today's Complex World.* BenBella Books, 2017
- Margot Anand: *Tantra oder Die Kunst der sexuellen Ekstase.* Goldmann, 1995
- Diana Richardson: *Zeit für Liebe. Sex, Intimität und Ekstase in Beziehungen.* Innenwelt Verlag, 2016
- Diana Richardson und Michael Richardson: *Zeit für Männlichkeit. Mehr Kompetenz in Sachen Sex und Liebe zwischen Mann und Frau.* Innenwelt Verlag, 2018
- Alan P. Brauer und Donna J. Brauer: *ESO. How You and Your Lover Can Give Each Other Hours of Extended Sexual Orgasm.* Hachette Book Group, 2001

Filmtipps:

- Bruce Cohen, Dan Jinks (Produktion); Sam Mendes (Regie): *American Beauty.* 1999
- Jeremy Thomas (Produktion); David Cronenberg (Regie): *Eine dunkle Begierde.* 2011
- Stanley Kubrick, Jan Harlan (Produktion); Stanley Kubrick (Regie): *Eyes Wide Shut.* 1999
- Christian Beetz, Anique Roelfsema (Produktion); Tristan Ferland Milewski, Janina Hahn (Regie): *Make Love — Liebe machen kann man lernen.* Fernsehserie, Erstausstrahlung: 2013

Den König in dir erwecken

 These: Männer* haben vor etwa 10 000 Jahren den Thron der Welt an sich gerissen und dominieren seitdem das Leben auf diesem Planeten. Wir haben diese Macht missbraucht. Anstatt wie ein wahrer König liebevoll zu hüten und weise zu führen, haben wir wie Tyrannen geherrscht und ausgebeutet. Die Menschheit wird die anstehenden Herausforderungen nur bewältigen, wenn möglichst viele Männer* in ihrem Bewusstsein auf der Reifeebene des Königs ankommen. Im Archetyp des Königs erreichst du den Zenit deiner Souveränität.

Wer seinen Blick nicht vor den Krisen verschließt, mit denen die Menschheit konfrontiert ist, kann leicht in Angst oder Zynismus versinken. Umweltkatastrophen, kulturelle Völkerwanderungen, verstärkte Rechtstendenzen, Terroranschläge als Normalität, Arm und Reich driften auseinander, Depressions- und Burn-out-Raten steigen signifikant. Das sind viele Gründe, um den Kopf in den Sand zu stecken und zu verzweifeln. Und doch bietet eine Krise auch immer die Chance für eine radikale Wandlung und für einen echten Quantensprung im Bewusstsein. Für den möchte ich dich in diesem Kapitel begeistern – den geistigen Quantensprung zum König. Ich beschreibe damit einen Bewusstseinszustand, den du erreichst, wenn du weißt, wer du bist, und wenn du mit all deinen Gaben nicht mehr dem Ego dienst, sondern deiner Seele.

Wir Männer* sind offensichtlich gut im Jagen, Kämpfen, Erobern und Erforschen, aber nach wie vor grottenschlecht im Hüten und Bewahren. Wir haben die Erde bis an den Rand des Kollapses ausgebeutet. Wir haben uns bis hierher wie kleine gierige Jungen im Spiel des Lebens bedient und uns viel zu selten die Frage gestellt: *Was wollen wir zurückgeben?* Die Mehrheit der Männer* hängt auf einer egozentrischen Entwicklungsstufe fest. Das heißt, wir sind hauptsächlich mit den Bedürfnissen unseres Egos beschäftigt – Anerkennung, Zuneigung, Macht, Sex … Wir mögen dies hinter politischen oder spirituellen Phrasen verstecken. Doch wenn du dich von den Worten nicht ablenken lässt, sondern dich auf die Taten konzentrierst, dann geht es den meisten doch einzig um sich selbst. Sieh einmal selbstkritisch in den Spiegel. Wie viel von dem, was du tust, dient vor allem dir?

Männer*, die nicht wissen, wer sie sind, fürchten sich vor Opfern, denn sie glauben, dass sie dadurch etwas verlieren werden. Auf dieser eigennützigen Entwicklungsstufe begegnen wir dem Thron der Wirksamkeit entweder als kleine Jungs oder als Tyrannen. Kleine Jungs umkreisen ihn, doch sie setzen sich nicht drauf, denn sie fürchten die Konsequenzen – Verantwortung, Unbequemlichkeit, Einsamkeit. Tyrannen wiederum haben keine Hemmung. Sie schänden den Thron. Sie missbrauchen seine Power. Sie herrschen und sind durch Macht und Sex korrumpierbar. Tyrannen und kleine Jungs sind hauptverantwortlich für die großen Probleme unserer Zeit.

Was wir dringend bräuchten, um die Aufgaben, vor denen wir stehen, zu meistern, ist eine schnelle und gründliche Entwicklung von vielen Männern* auf die Ebene des Hüter*innenbewusstseins. Mit diesem Begriff beschreibe ich eine sich anbahnende Entwicklungsebene unseres menschlichen Bewusstseins, auf der wir das Leben holistisch und kosmozentrisch erfahren. Auf der mittlerweile weltweit etablierten Landkarte der Entwicklungsebenen, der Spiral Dynamics von Don Beck,[38] entspricht dies der sogenannten türkisen Ebene. Nach Beck durchlaufen wir Entwicklungsebenen der unbewussten Zugehörigkeit (purpur), der Macht (rot), der Autorität (blau), des Ehrgeizes (orange) und der Befindlichkeit (grün). Alle diese Ebenen sind defizitorientiert, das heißt, sie kommen aus dem Ego und kompensieren einen gefühlten Mangel. Erst auf der nächsten Stufe, dem integralen Bewusstsein (gelb) beginnen wir, wirklich kreativ und aus der Fülle heraus zu leben. Männer* auf dieser Ebene sind noch relativ selten und wirken häufig sehr mächtig. Denn sie denken vernetzt, in großen Zusammenhängen und wissen, wie sie Flow-Zustände für ihr Gehirn kreieren können.[39] Ich möchte mich in diesem Kapitel auf die nächste Ebene konzentrieren – das Hüter*innenbewusstsein. Denn ich bin überzeugt, dass die Lösung für unsere gegenwärtig größten Herausforderungen von hier kommen wird. Menschen auf dieser Ebene fühlen sich so tief mit allem verbunden, dass sie sich natürlich berufen fühlen, das Ganze zu hüten, und zwar nicht dort, wo sie die meiste Aufmerksamkeit erhalten, sondern dort, wo sie mit ihren Stärken am besten dienen können. Männer* auf dieser Ebene haben die Drachen ihrer Aggression und Sexualität im Griff. Sie müssen niemandem mehr etwas beweisen, denn sie wissen, wer sie sind. Egal, ob sie sich als spirituell, agnostisch oder atheistisch bezeichnen – sie begreifen die Welt holistisch. Ihr Logos ist zu einem hohen Grad der Schaulogik verfeinert, das heißt, sie können viele verschiedene Perspektiven auf ein Problem einnehmen. Sie haften keinem Konzept mehr an, denn sie wissen, dass jeder -ismus und jede Religion einem Verfallsdatum unterliegen. Gleichzeitig folgen sie radikal dem Ruf ihrer Seele. Ich nenne diese Haltung postreligiöse Mystik, denn sie kommt ohne Gott aus und verträgt sich hervorragend mit Wissenschaft. Wenn du diese Haltung verinnerlicht hast, siehst du das Zusammenwirken von allem, die Gleichzeitigkeit von Vergangenheit, Gegenwart und Zukunft, die ewige Stille und das stete Werden. Du musst nirgendwo mehr hin, denn du bist bereits überall. Du richtest nicht mehr über das Dunkle und Hässliche, denn du siehst auch in ihnen das Licht und das Schöne.

Was verbindet den Hüter mit dem König in dir? Nun, wenn du hier angekommen bist, verstehst du, dass uns Menschen zwei Königreiche anvertraut wurden – ein inneres, unser Bewusstsein, und ein äußeres, das Paradies dieser Erde. Beide konnten wir bis jetzt nicht in ihrer unbegreiflichen Schönheit und Intelligenz erfassen, weil wir blind waren. Wir haben Bewusstsein und Erde mit Füßen getreten, weil wir uns selbst nicht erkannten und deshalb auch nicht lieben konnten. Ein Mann* im Hüter*innenbewusstsein beginnt, die Welt, seine Mitmenschen und sich mit milden Augen zu sehen, und er sieht so Wunder überall. Er muss nicht um einen Thron kämpfen, denn er wurde ihm bereits mit dem ersten Atemzug anvertraut. Er wird nicht zum König, sondern er erinnert sich, dass er schon immer ein König war.

Sein Thron ist sein stiller und freier Geist.
Sein Königreich ist die ganze Welt.

Obwohl ihm das alles immer schon anvertraut wurde, muss er erst erwachen, um das Ausmaß dieses Geschenks zu erkennen. Er muss begreifen, dass er der Auserwählte ist. Auf ihn kommt es an. Seine Zeit bricht nicht irgendwann in der Zukunft an. Seine Zeit zu hüten ist jetzt. Denn jener ominöse Moment, in dem er genug Geld, Ruhm oder Sex angehäuft hat, um sein Herz zu stillen, wird nie kommen. Das alles wird ihn nie satt machen. Erst wenn er das Spiel umdreht, vom Ego in die Seele, vom Erobern ins Lieben, vom Jagen ins Verschenken, wird er verstehen, wie wichtig er ist. Denn das ist das Paradox der Hüter*innen: Sie verstehen, dass sie komplett unwichtig, winziger als winzig sind. Ein Häufchen Sternenstaub, für ein kosmisches Augenzwinkern zu einer Person mit einem Leben zusammengesetzt. Gleichzeitig wissen sie, dass sie absolut wichtig sind.

Das Gleiche gilt für dich: Nicht irgendwann in der Zukunft, nicht irgendwo in einem Präsidentenpalast, sondern jetzt und hier, da, wo du bist, entscheidet sich alles. Die Art, wie du heute deine Mitmenschen betrachtest, wie du Gespräche führst und gegen oder für das Leben handelst, entscheidet alles.

Männer* auf dieser Ebene haben sowohl ihren Animus als auch ihre Anima integriert. Sie ruhen in sich und können flexibel auf ihre weiblichen und männlichen Anteile zurückgreifen. Sie sind mit dem großen Feld allen Wirkens, dem Tao, verbunden. Deshalb spüren sie, wann es Zeit ist, zu führen, zu unterstützen oder still zu sein. Ein Mann* auf dieser Ebene vereint viele, bis dahin scheinbar unüberwindbare Gegensätze. Er wirkt machtvoll und gleichzeitig still. Er kann messerscharf und dennoch aus der Liebe heraus handeln. Er kommuniziert flexibel auf vielen Ebenen. Er hat einen klaren Geist und einen offenen intuitiven Kanal.

Ich habe eine Vision und in der wandeln wir Männer* als uneitle und zugleich so würdevolle Könige über diesen Planeten. Kinder und Frauen* achten uns und fühlen sich in unserer Nähe sicher. Wir kommen in Freundschaften, Teams und Politik zusammen, um uns – geeint durch ein gemeinsames Anliegen – für die für alle beste Lösung zu öffnen, die irgendwo in der Zukunft bereits existiert. Dann bringen wir sie gemeinsam auf die Erde.

Berührt dich diese Vision? Darin liegt für mich die große Hoffnung! Um deine Entwicklung ins Hüter*innenbewusstsein anzuregen, brauchst du vor allem eine bewusste Wahl und eine Evokation deines inneren Königs. Wenn es diesen Archetyp im kollektiven Bewusstsein gibt, musst du nicht irgendwohin gehen, um ihn zu finden. Du kannst ihn innerlich anrufen und downloaden. Nimm dir Zeit. Am besten jeden Morgen. Schließe deine Augen und bitte den König in dir, dich zu lehren und zu führen. Er wird kommen. Als Impulse und Bilder. Tagsüber und in Träumen. Er wird dich herausfordern, größer und gütiger zu denken und zu handeln. Er wird dir zeigen, wo du noch auf den unteren Entwicklungsstufen festhängst:

- o Wo kämpft der kleine Junge in dir noch mit seiner Bedürftigkeit, seinem Trotz?
- o Wo kämpfst du noch gegen Autoritäten oder versuchst selbst krampfhaft, eine unnatürliche Autorität zu sein?
- o Wo nimmst du dich selbst in deiner Befindlichkeit noch zu wichtig?

Allein das Anerkennen und Vergeben all der ungeliebten und etwas unterentwickelten Anteile in uns löst einen Heilungs- und Entwicklungsprozess aus. Welche Charaktereigenschaften möchtest du entwickeln? Wie willst du fühlen, arbeiten, laufen? Und damit das Ganze nicht als eine typisch männliche Spinnerei verpufft, braucht es deine Bereitschaft, deiner Vision jeden Tag in deinen Taten treu zu sein.

Wie kannst du heute den Hüter in dir leben?
Wie kannst du heute das Leben bewahren?
Wie kannst du heute die Welt etwas verschönern?
Welche Menschen kannst du heute beschützen, ehren und fördern?
Welchen Wesen, die du bis jetzt draußen gehalten hast,
möchtest du dein Herz öffnen?
Was bist du bereit zu opfern, um dem Ganzen zu dienen?

Bring deinen kleinherzigen Schatten nach Hause, doch vor allem fürchte dich nicht vor deiner wahren Größe. Bitte deine Seele, die Führung zu übernehmen. Sie weiß, wofür du gekommen bist. Es ist Zeit, dass du der Welt zeigst, dass du gut, wahr und schön bist. Es ist Zeit, dass der König in dir erwacht.

SELBSTERFORSCHUNG UND UMSETZUNG

Was sind deine wichtigsten Erkenntnisse aus diesem Kapitel?

_____

_____

_____

Was sind deine wichtigsten Schlussfolgerungen aus diesem Kapitel?

_____

_____

_____

Ehrlicher Blick auf dich selbst

Wo versteckst du dich noch hinter dem kleinen Jungen, der du einmal warst?

_____

_____

Wo verhältst du dich wie ein Tyrann?

_____

_____

Wo vermeidest du (noch), voll in deine Power und Verantwortung zu gehen?

_____

_____

_____

Der König

Beschreibe mit deinen Worten, was du unter einem König verstehst.

_____

_____

_____

In welchen Bereichen deines Lebens könntest du tiefer lieben und mehr hüten?

_____

_____

Wer sind deine männlichen Vorbilder? Wer von ihnen repräsentiert für dich den König?

_____

_____

_____

Wie müsstest du dich verändern und was müsstest du opfern, um zum König zu reifen?

_____

_____

_____

Was würdest du gewinnen?

_____

_____

_____

Empfehlungen zur Vertiefung

Ritual: Evokation des Königs

Evokation[40] stand in der Antike für das Anrufen einer Gottheit. In unserem modernen Kontext meint es das Anrufen des Archetyps des Königs. Nimm dir mindestens eine Stunde Zeit, in der du nicht gestört wirst. Lege dir Schreibzeug bereit. Höre dann die Meditation »Der König in dir« (s. Downloadbereich).

Gehe direkt aus der Meditation ins Schreiben über. Notiere spontan und wahrhaftig, was dich zum König bewegt. Was denkst du? Was fühlst du? Was wünschst du dir? Bitte die Kraft und die Weisheit des Königs, in dein Leben zu kommen, dich zu lehren und zu führen. Bitte bei allen starken, kühnen, weisen und liebevollen Männern*, die je gelebt haben und noch leben, um Zuflucht. Bitte sie, deinen Rücken zu stärken und dir den Weg zu weisen. Wenn es sich für dich stimmig anfühlt, geh ein Gelübde ein, in dem du alles, was du hast und bist, dem Wohlergehen deiner Liebsten, doch auch der gesamten Menschheit weihst.

Lies dein Gelübde noch einmal laut vor, so, als wenn du nicht allein im Raum wärst. Stell dir vor, alle Männer*, die du bewunderst, und alle Menschen, die du liebst, sind deine Zeug*innen. Stell dir vor, der gesamte Kosmos hört dein Gebet.

Lass die Erfahrung sanft ausklingen. Rufe, wann immer du es brauchst, die Kraft des Königs an.

Downloadbereich:

• Unter go.homodea.com/king findest du die sehr schöne und kraftvolle Meditation »Der König in dir«.

Buchtipps:

• Robert Moore und Douglas Gillette: *König, Krieger, Magier, Liebhaber. Initiation in das wahre männliche Selbst durch kraftvolle Archetypen.* Aurinia Verlag, 2014

- Robert Bly: *Eisenhans. Ein Buch über Männer.* Rowohlt Taschenbuch, 2005
- Joseph Campbell: *Der Heros in tausend Gestalten.* Insel Verlag, 2011

Filmtipps:

- Ridley Scott (Produktion); Ridley Scott (Regie): *Königreich der Himmel.* 2005
- Joby Harold u. a. (Produktion); Guy Ritchie (Regie): *King Arthur – Legend of the Sword.* 2017

Die Kunst des Lebens und des Sterbens

 These: Um frei sterben zu können, müssen wir jetzt voll leben. Um frei leben zu können, müssen wir jeden Tag sterben.

Agonie. Das war es, was ich in den Augen der alten Männer* sah, die in ihren letzten Tagen realisierten, wie viel sie nicht gelebt hatten. Kein friedvolles, lichtvolles Sterben, wie es in Büchern beschrieben oder in Filmen gezeigt wird. Nein, eine stumme Qual. In einer Mischung aus Traurigkeit, Trotz und Bitterkeit.

Weißt du, was der Vorwurf Nummer eins ist, den ich in unseren Beziehungscoachings von Frauen* und Kindern an uns Männer* gehört habe? »Er ist nicht richtig da.« Bist du richtig da? Jetzt zum Beispiel. Bist du richtig da, in diesem Moment, der alles verändern könnte? Oder bist du schon weitergeeilt? In die Zukunft? In die Suche? Ins Machen?

Wenn wir spüren, ein Mensch ist nicht richtig da, meinen wir damit, er ist nicht hier bei dem, was wirklich passiert. Er ist irgendwo in seinem Verstand. In der Vergangenheit oder der Zukunft. Wir Männer* sind dafür wesentlich anfälliger. Zum einen weil Logos (ohne einen starken Eros an der Seite) die Gegenwart fürchtet und sich liebend gern in Gedanken- und Schaffenswelten verliert. Wir sind so stark mit dem Denker, dem Pusher und dem Macher in uns identifiziert. Diese Stimmen haben keinen Zutritt zu der Wahrheit, die in der Gegenwart auf uns wartet. Deshalb meiden wir die Stille und das volle Leben. Bitte verwechsele deine Geschäftigkeit, getrieben von Ehrgeiz und Adrenalin, nicht mit Leben. Es ist, um es liebevoll auszudrücken, wie das hektische Spielen mit einer Gummiente an der Oberfläche eines riesigen Ozeans, vor dessen namenloser Tiefe wir uns ängstigen. Dieses Entchen kann unsere Arbeit, unser Sex, unsere

Politik und witzigerweise auch unsere Spiritualität und Religion sein. Wir wissen unbewusst ganz genau, dass wir unsere Spielzeuge nicht mitnehmen können, wenn wir zum Grund der Existenz tauchen wollen. Keine Sandburg, errichtet aus Geld, Titeln, Macht und Werken, egal wie groß, wird diesem Ozean standhalten. Das wissen wir. Doch wir wollen es nicht sehen. Also rudern wir weiter mit unseren Worten und Armen in der Luft herum. Wild, hektisch, gewichtig … Bis der Tod kommt und uns schonungslos klar mit der Frage konfrontiert: »Was davon war wirklich wesentlich?«

Ich weiß, du hast das sehr wahrscheinlich in der einen oder anderen Form bereits gehört und gelesen. Doch wann ist der richtige Zeitpunkt, um dich davon so heiß und kalt berühren zu lassen, dass es dein Leben jetzt und hier verwandelt? Wenn du zu Lebzeiten wissen willst, wer du wirklich bist, dann stirb täglich. Sieh dein gesamtes Leben als eine einzige Vorbereitung auf den großen physischen Tod am Ende. Das ist nicht morbide, es ist immens vital. Dieses tägliche Sterben verlieh den Samurais auf ihrem Weg von Bushido genau diese unheimliche Präsenz und Entschlossenheit.

Denn wenn du diesen Tag lebst,
als wäre es dein letzter,
wirst du andere Entscheidungen treffen.
Radikaler, präziser, integrer.

Du wirst deinen Liebsten anders in die Augen schauen und vielleicht zum ersten Mal im Spiel mit deinem Kind vollständig da sein. Du wirst leben wie ein ultrawacher Jäger des Lebens. Keine Zeit mehr für Bullshit. Diese Kunst des täglichen Sterbens bedeutet, am Morgen in den Spiegel zu schauen und dir für einen Moment vorzustellen, dass dieser Körper demnächst leckeres Futter für Würmer sein oder als Asche verstreut werden wird. Du gehst deine Projekte aus einer anderen Perspektive an und fragst dich stets: »Ergibt das, was ich heute tue, auch Sinn, wenn ich nichts davon mitnehmen kann?« Du findest jeden Tag etwas tiefer und weiter heraus, wer du wirklich bist, indem du loslässt, was du nicht bist. Und was du ganz sicher nicht bist, …

… sind dein Stolz und dein Rechthaben,

… dein Geld und dein Auto,

… deine Macht und dein Ruhm,

… dein Name, dein Titel, dein Alter,

… deine Konzepte und deine Ideologien.

All diese Dinge werden zerfallen. Also klammere dich nicht an sie, sondern lass sie los. Lass mit jedem Atemzug etwas mehr los, was du nicht bist. Du wirst dadurch nicht depressiv oder lebensmüde. Du wirst leicht, lässig und leuchtend. Denn das, was du wirklich bist, was damals mit einem ersten Hauch diesen Körper aktivierte, strahlt immer mehr durch deine Hülle und dein Tun.

Ein Mann*, der schon am Morgen gestorben ist, ist den Tag über nicht mehr korrumpierbar oder ablenkbar. Er lebt nicht, um zu bekommen. Er lebt, um alles, was er mitbrachte, zu verschenken. Er lebt nicht, um sich und andere in einem sinnlosen Hamsterrad aus Schuften und Konsum beschäftigt zu halten. Er lebt, um das Hamsterrad sanft zu sprengen. Um selbst zu erwachen und andere in ihrem Geist zu inspirieren. Wenn du verstehen willst, warum Männer* wie Jesus, Gandhi oder Nelson Mandela die Kraft aufbrachten, sich ans Kreuz nageln zu lassen, für ein wenig Salz Hunderte Kilometer zu laufen oder nach einem 27-jährigen Gefängnisaufenthalt den Verantwortlichen ohne Verbitterung zu vergeben, dann ist es die: Sie alle übten sich in der Kunst des Sterbens. Was ich damit sagen will: Die Welt kann dir nichts geben, was du nicht schon bist. Und sie ist nicht dein Königreich. Sie ist ein Lernplanet, in dem du noch tiefer einschlafen oder erwachen kannst. Die Welt ist nicht das Ziel deiner Seele, sondern eine Durchgangsstation. Ihre wahre Schönheit wirst du erst erkennen, wenn du Gier und Angst entspannst. Wenn du in deinem Wollen stirbst. Ich liebe die Worte Ehrfurcht und Offenbarung. Wenn ein Mann* seinen vorwärtsdrängenden, erobernden Logos entspannt;

wenn er seine endliche Winzigkeit und sein Nichtwissen akzeptiert und sich dem Staunen hingibt, dann wird sich ihm die in Wahrheit unermessliche Schönheit dieses Augenblicks offenbaren. Sie wird ihn in gesunder Ehrfurcht vor dem gesamten Kosmos auf die Knie bringen. Wenn sich das nächste Mal die Hand seines kleinen Sohnes in seine große Pranke schmiegt, wird er wissen und fühlen, dass es sich gelohnt hat, nur für diesen einen Augenblick zu inkarnieren. Wenn er das nächste Mal durch die Augen seiner Frau* in ihre Seele fällt, wird er wissen und fühlen, dass er sich diese Liebe nicht verdienen kann. Sie ist pure Gnade.

Ein Mann*, der sein Ego in der Ehrfurcht vor dem Leben sterben lässt – wieder und wieder –, wird den Tod nicht mehr fürchten. Er terrorisiert nur die, die nie lebten. Er wird am Ende eines Tages über alle Maßen beschenkt sein. In Frieden mit sich selbst, weil es ihm gelungen ist, seinen Glauben zu halten und das Beste zu geben.

Doch das alles ist nicht der Hauptgrund, warum ich dir die Kunst des täglichen Sterbens ans Herz lege. Wenn du die Furcht vor dem Tod verlierst, bist du bereit, dich deiner mächtigsten Angst zu stellen – nämlich voll zu leben.

Bevor du jetzt sagst: »Das trifft auf mich nicht zu. Ich lebe ja schon intensiv«, lass mich kurz erklären, was ich damit meine. Die meisten Männer* wollen das Leben vögeln. Sie wollen es besitzen und benutzen. Sie sagen sich: »Ich arbeite viel. Ich bin erfolgreich. Ich erschaffe Dinge. Ich habe eine Frau*. Ich feiere oft. Also lebe ich!« Das ist nicht das, was ich meine. Für mich bedeutet, voll zu leben, meinen Eigenwillen aufzugeben und mich dem Leben hinzugeben. Mich von ihm öffnen zu lassen. Immer weiter und tiefer. Bis *ich* nicht mehr da bin, sondern nur noch der Moment und alles vereint in einer großen Sinfonie. *Das* ist das große, kostbare Geschenk von Eros an unseren Logos. Wenn sich beide in uns vermählen, kommt es zur kompletten Auflösung aller Trennungen und der Erfahrung dessen, was die alten Mystiker*innen als *Sat-Chit-Ananda* beschrieben: stilles, freies, glückseliges Sein.

Nein, ich bin nicht auf Drogen, während ich dies schreibe. Ich beschreibe einen Erfahrungsraum, der jedem Mann* – spirituell, atheistisch, pragmatisch, wissenschaftlich orientiert – zur Verfügung steht. Du musst dafür an nichts glauben. Ich kann es dir auch rein neurowissenschaftlich erklären. Es ist ein besonderer Mix an nährender und inspirierender Ekstase, nach dem jedes Gehirn sucht. Doch solange wir Männer* uns mit dem antreibenden Logos identifizieren, fürchten wir das Eintauchen in diesen inneren Space. Nicht ohne Grund sind die meisten von Männern* erschaffenen Religionen auf die Verschiebung von Freude in ein späteres Jenseits fixiert. Wir haben zwar eine große Klappe, doch wir fürchten die Hingabe und Auflösung in gegenwärtiger Freude. Denn kein Ego hat Bestand, wenn wir diesem Feuer näher kommen. Also reden wir lieber zu viel. Wir arbeiten zu viel. Wir hasten durchs Leben, weil wir die nackte Begegnung mit der Existenz fürchten. Wenn nur wir an dieser Macke leiden würden, könnten wir ja sagen: »Ist bedauerlich, aber selbst schuld.« Doch der ganze Planet wird mittlerweile abgefuckt, weil wir nicht stehen bleiben, nicht jetzt leben und lieben können. Unsere Kids vermissen uns. Unsere Frauen* verdursten oder wenden sich ab. Unsere Unternehmen produzieren so viel sinnloses Zeug, weil wir vor dem Sinn wegrennen.

Also möchte ich dir zurufen, lieber Mann* und Bruder: Bitte bleib stehen. Bitte lerne zu sterben und zu leben. Stirb in diesen Moment hinein, sodass er dich voll nehmen und mit Leben schwängern kann. Du brauchst keine Angst zu haben, dass du durch diesen existenziellen Ansatz deinen Drive verlierst. Alles, was dir genommen wird, ist diese künstliche Anspannung aus ängstlichem Ich-Willen und Rechthaberei. Was dir gegeben wird, ist die pure Kraft des Lebens. Eine Intuition dafür, was das große Ganze will, und die Bereitschaft, dem lässig und leuchtend zu dienen.

Bitte lass dich voll ein. Ich wette, es gibt einige Menschen um dich herum, die sich danach sehnen. Am allermeisten du selbst.

SELBSTERFORSCHUNG UND UMSETZUNG

Was sind deine wichtigsten Erkenntnisse aus diesem Kapitel?

_____

_____

_____

Was sind deine wichtigsten Schlussfolgerungen aus diesem Kapitel?

_____

_____

_____

_____

Reue und Ballast

Wenn du heute sterben müsstest, was würdest du bereuen, weil du es nicht oder zu wenig gelebt hast?

_____

_____

_____

_____

In welche sinn- oder lieblosen Aktivitäten hast du zu viel deiner kostbaren Lebenszeit verschwendet?

_____

_____

_____

_____

Was oder wen möchtest du endgültig bewusst loslassen, weil dies für dich unnötiger Ballast ist?

_____

_____

_____

_____

Dein Leben leben

Was musst du unbedingt gelebt/getan/erkannt haben, bevor du stirbst?

_____

_____

_____

_____

Zähle die zehn Momente in deinem Leben auf, für die du heute am dankbarsten bist:

1. _____

2. _____

3. _____

4. _____

5. _____

6. _____

7. _____

8. _____

9. _____

10. _____

Wenn dies heute dein letzter Tag wäre, wem würdest du unbedingt noch einmal sagen wollen, dass du ihn oder sie liebst? (Tu es.)

_____

_____

_____

_____

Wenn du jeden Tag eine Stunde mehr Zeit hättest, wie würdest du sie verbringen?

_____

_____

_____

_____

Wenn du eine Sache an deinem Leben ändern könntest, was wäre das?

_____

_____

_____

_____

Wofür möchtest du in Erinnerung bleiben?

_____

_____

_____

_____

_____

Wenn du dein Leben absolut ernst nehmen würdest und keine Angst vor Fehlern hättest, was würdest du sofort tun?

_____

_____

_____

_____

Wo in deinem Leben wartest du immer noch auf ein Zeichen?

_____

_____

_____

_____

Was, wenn dieses Buch dein Zeichen ist?

_____

_____

_____

_____

_____

Empfehlungen zur Vertiefung

Ritual: Besuch aus der Vergangenheit und der Zukunft

Nimm dir etwa eine halbe Stunde Zeit, am besten allein oder mit einem Menschen als Zeugen, dem du sehr vertraust. Stelle drei Stühle im Raum auf. Auf einen legst du ein Blatt Papier mit der Aufschrift: »Ich, jetzt, in der Gegenwart.« Auf den zweiten legst du ein Blatt Papier mit den Worten: »Ich, damals, mit acht bis zwölf Jahren.« Auf den dritten Stuhl kommt ein Blatt Papier mit: »Ich, alt, erfüllt und weise.« Ich empfehle dir, die ganze Session aufzuzeichnen, etwa auf deinem Smartphone. Zuerst setze dich auf deinen Gegenwartsstuhl. Komm voll hier an. Sprich laut aus, wie es dir geht und was dich derzeit alles bewegt. Stell dir vor, du erzählst es deinem vergangenen und zukünftigen Ich. Du kannst beiden auch Fragen stellen, zum Beispiel deinem Kindheits-Ich: »Wovon hast du damals geträumt?« Oder deinem alten Ich: »Welchen Rat hast du für mich?« Vielleicht ploppt die Antwort sofort hoch. Vielleicht erfährst du sie erst, wenn du dich auf einen der anderen beiden Stühle setzt.

Setze dich als Nächstes auf den Stuhl deiner Kindheit/Jugend. Nimm dir wieder Zeit, dort anzukommen. Stell dir vor, dein Körper wird wieder jünger, kleiner. Wenn du dies noch nie gemacht hast, wirst du eventuell überrascht sein, wie sich deine Wahrnehmung verändert. Schau nun von hier auf den gegenwärtigen Mann*. Bist du mit ihm zufrieden? Hat er deine Träume verteidigt? Nervt dich etwas an ihm? Was möchtest du ihm sagen? Sprich alles laut aus, was in dir aufsteigt. Was wünschst du dir von ihm für den weiteren Verlauf seines Lebens? Welchen Rat hast du für ihn?

Zuletzt nimmst du die Position deines alten, weisen Ichs ein. Egal, wie du bis jetzt gelebt hast, stell dir vor, der Rest deines Lebens wird optimal verlaufen, sodass du in deinen letzten Tagen sehr glücklich und gelassen sein wirst. Komm in diesem Zustand an. Stell dir vor, dein Körper wird älter. Gleichzeitig wirst du lässiger, milder, weiser. Schau nun von hier auf den gegenwärtigen Mann*. Welchen Rat möchtest du ihm aus der Zukunft geben? Worauf kommt es an? Was sollte er verändern, damit er tatsächlich so ein glückliches Ende erleben kann? Sprich alles aus.

Setze dich zum Abschluss wieder auf deinen gegenwärtigen Platz. Erkenne die Botschaften aus Vergangenheit und Zukunft als wertvolle Geschenke an. Nimm dir Zeit aufzuschreiben, was du gerade realisierst und was du dir selbst versprechen möchtest.

Downloadbereich:

- Unter go.homodea.com/king findest du den inspirierenden und ermutigenden Vortrag »CHUZPE! Das Leben liebt die Frechen!«
- Ebenfalls dort findest du die sehr intensive Meditation »Die letzten 20 Minuten deines Lebens«, die dir zeigt, was wirklich wesentlich in deinem Leben ist.

Seminartipps:

- Zum Vertiefen empfehle ich dir »Phoenix. Die zweite Geburt«, unser mit Abstand intensivstes Seminar. Es ist eine moderne Initiation für Menschen, die neu durchstarten möchten oder an einer entscheidenden Weggabelung ihres Lebens angekommen sind.
- Unser »Trance Dance Training« weckt deine Ekstase und zeigt dir einen Weg, durch das Leben zu tanzen.

Buchtipps:

- Veit Lindau: *Seelengevögelt. Manifest für das Leben.* Goldmann, 2016
- Khalil Gibran: *Der Prophet.* aionas Verlag, 2018
- Paulo Coelho: *Der Alchimist.* Diogenes, 2006

Filmtipps:

- Dean River (Produktion); Michael O. Sajbel (Regie): *Das ultimative Geschenk.* 2007
- Martin Brest, Ronald L. Schwary (Produktion); Martin Brest (Regie): *Rendezvous mit Joe Black.* 1998

EPILOG

Nun sind wir am Ende unseres Austausches angekommen. Ich möchte dir aufrichtig für dein Vertrauen und deine Offenheit danken. Ich denke, es ist nach wie vor nicht üblich, dass wir Männer* uns auf Augenhöhe lauschen, um voneinander zu lernen. Ich hoffe, es ist rübergekommen, dass ich mir nicht anmaße, irgendein Konzept von *dem* perfekten Mann* zu verkünden. Viele von uns sind auf dem Weg, im Umbruch. Mein Ziel war es, dich mit 14 Perspektiven auf deine Männlichkeit zu berühren und dich zum Nachdenken anzuregen.

Ich habe eine persönliche Bitte an dich. Mich beschäftigt seit etlichen Jahren die Frage, warum sich noch so relativ wenig Männer* auf den Weg machen, doch vor allem, wie wir möglichst viele von uns dazu inspirieren können. Deshalb würde es mir viel bedeuten, wenn du mir kurz ein Feedback gibst, etwa auf Instagram oder über unseren Service (service@lifetrust.info), wie du zu diesem Buch gefunden hast und wie es dich bewegt. Wenn es dir gefallen hat, würde ich mich auch sehr freuen, wenn du es an andere Männer* weiterempfiehlst.

Es gibt noch eine Sache, die ich gern mit dir teilen möchte. Ich habe mich vor einigen Jahren gefragt: »Wann habe ich eigentlich angefangen, mich als einen *guten Mann** und nicht mehr als Junge zu fühlen?« Ich hatte schon immer eine große Klappe, doch dass ich mich in mir souverän und angekommen fühle, ist noch gar nicht so lang her. Es hatte für mich weniger damit zu tun, was ich intellektuell weiß oder was ich bereits erreicht hatte. Ich nehme mich als guten Mann* wahr, seitdem ich immer mehr im Einklang mit meinem Ehrenkodex lebe. Ich sehe uns Männer* als Werkzeuge des Lebens. Ein Werkzeug an sich ist neutral. Es kann eingesetzt werden, um völlig sinnlose Dinge zu kreieren oder Dinge mit Wert. Es kann zerstören. Es kann erschaffen. Wie wir wirken, darüber entscheidet vor allem, wem oder was wir innerlich dienen. Deshalb möchte ich unsere gemeinsame Reise mit dieser Frage vollenden:

Welcher Sache dienst du?
Nicht mit deinen Worten,
sondern mit deinen Taten.
Nicht morgen, sondern heute.

Ich stehe genau wie du jeden Morgen erneut auf dem Feld dieses stillen und heiligen Kampfes. Ich falle. Ich vergesse. Ich verrate. Doch da mein Trainer der Tod ist, will und kann ich mich nicht mehr auf Dauer bescheißen. Also gestehe ich mir den Selbstverrat ein, stehe wieder auf und trete wieder an.

Ich habe es bereits zu Beginn geschrieben: Männer* sind das in Wahrheit unterschätzte Geschlecht. Und vor allem unterschätzen wir uns selbst. Ich muss dich nicht kennen, um zu wissen, dass noch so viel mehr in dir steckt. Egal, wie alt du bist. Küss oder kick dich wach. Steck dir Trotz und Selbstmitleid sonst wohin. Mach deinen Mund auf. Bring dich ein.

Der Coach in mir möchte dich zum Abschluss auffordern, deine Erkenntnisse nicht verpuffen zu lassen. Du hast, wenn du bis hierher gelesen hast, deine kostbarste Währung in das Buch investiert – deine Aufmerksamkeit. Sei smart und sorge dafür, dass sich dein Investment lohnt. Hast du den Fragen eine Chance gegeben? Hast du sie schriftlich ausgefüllt? Wenn nicht, wie wäre es, jetzt noch mal von vorn zu starten? Zieh noch einmal ein konzentriertes Fazit: Welche bedeutsamen Erkenntnisse hast du für dich gewonnen? Wie lautet dein Ehrenkodex? Was ist deine Mission? Welche konkreten Konsequenzen wirst du nun folgen lassen?

Ein Mann* wird ein Mann*, indem er für seine Werte lebt und stirbt.

Dein Manifest

Hier kommt ein letzter Vorschlag: Wie wäre es, wenn du aus deinen Erkenntnissen dein Manifest formulierst? Eine Zusammenfassung deiner Thesen und Beschlüsse. Und wie wäre es, wenn du dich dann wie ein Samurai verpflichtest, diesem Manifest ab jetzt treu zu sein? So entsteht echte, natürliche Männlichkeit, die sich nicht mehr rechtfertigen muss. So reift Selbstachtung, die nicht angegriffen werden kann. Ich teile hier mein Manifest mit dir. Nimm es als Inspiration und dann formuliere deines.

Mein Manifest

Ich begreife mich als ein Werkzeug des Lebens.
Ich gelobe, der Liebe und der Wahrheit zu dienen.
Ich gelobe, alles, was ich tue, diesen beiden Werten unterzuordnen.
Ich bin bereit, alles zu erkennen, was diesem Anliegen in
mir noch im Weg steht, und es sanft aufzulösen.
Ich gelobe, jeden Tag auf der Übungsmatte zu erscheinen, um das
Werkzeug, das ich bin, geduldig und sanft zu vervollkommnen, damit
es noch klarer und wirksamer dem Wohle aller dienen kann.
Ich gelobe, friedvoll dafür zu kämpfen, dass diese Welt
ein guter, sicherer Ort für alle Menschen wird.
Ich gelobe, meine Schritte präsent, sanft und freundlich zu setzen.
Jeder Tag ist eine neue Chance.

Vielleicht errichtest du dir einen kleinen Altar mit deinem Manifest, um dich täglich daran zu erinnern. Teile es mit deiner Partnerin oder deinem Partner, deinen Kindern, deinen besten Freund*innen. Lass dich daran messen. Miss dich selbst daran. Erinnere dich täglich daran, wofür du lebst. Wem du dienst. Was du beschützt. Was du liebst.

Ich verneige mich vor deinem Potenzial. Ich wünsche dir, dass du niemals aufhörst zu wachsen und zu dem Mann* wirst, der du wirklich bist. Lass uns gemeinsam der Welt ein neues Bild von Mannsein schenken. Was uns, unsere Frauen* und Kinder, die Tiere, Wälder und Ozeane heilt. Lass uns Frieden bringen. Lass uns gemeinsam das Paradies beschützen, welches uns anvertraut wurde.

In tiefer Achtung vor dem König in dir.

© Paul Königer

QUELLEN UND ERLÄUTERUNGEN

1. von lateinisch »emancipatio«; PONS Wörterbuch; https://de.pons.
   com/%C3%BCbersetzung/latein-deutsch/emancipatio; zuletzt aufgerufen am
   3.8.2021
2. In meinem Buch *Genesis* erkläre ich ausführlich, was ein Archetyp ist. Siehe Veit
   Lindau: *Genesis. Die Befreiung der Geschlechter.* GRÄFE UND UNZER Edition, 2021
3. Der Begriff Logos entstammt ebenso wie der Begriff Eros der griechischen
   Philosophie. Für ein antikes Verständnis empfehle ich folgende Lektüre: Platon:
   Phaidros. Reclam, Philipp, 1986. Das neuzeitliche Verständnis wird in folgen-
   dem Werk behandelt: Kenneth E. Wilber: *Eros, Kosmos, Logos – Eine Vision an der
   Schwelle zum nächsten Jahrtausend.* Fischer Taschenbuch, 2001.
4. Gerald Hüther: *Männer – Das schwache Geschlecht und sein Gehirn.* Vandenhoeck &
   Ruprecht, 2016
5. Aus der Verarbeitung dieser Zeit ist das Buch *Fucked up* entstanden. Siehe Veit
   Lindau: *Fucked up. Wie du aus Sch… Kompost machst!* Kailash, 2017
6. angelehnt an eine alte Weisheit aus dem Zen
7. modifiziert übernommen aus: Paul Watzlawick: *Anleitung zum Unglücklichsein.*
   Piper, 2021
8. Arjuna Ardagh: *Radikal gelebte Meisterschaft. Das Geheimnis wahrer Größe – Radikale
   Brillanz.* Sheema-Medien, 2018
9. Veit Lindau: *Genesis. Die Befreiung der Geschlechter.* GRÄFE UND UNZER Edition,
   2021
10. Die Begriffe Animus und Anima wurden von C. G. Jung geprägt. Siehe zum Bei-
    spiel: C. G. Jung: *Archetypen – Urbilder und Wirkkräfte des Kollektiven Unbewussten.*
    Patmos Verlag, 2020
11. Larissa Rhodes (Produktion); Jeff Orlowski (Regie): *The Social Dilemma.* Veröf-
    fentlicht auf Netflix, 2020
12. Matthias Fejes: »Warum die Zeit manchmal schleicht und manchmal rast«,
    Technische Universität Chemnitz, 20.7.2018; https://www.tu-chemnitz.de/tu/
    pressestelle/aktuell/8926; zuletzt aufgerufen am 6.8.2021
13. Ronald Schweppe und Aljoscha Long: *Die Kosmische To-do-Liste. 7 universelle
    Prinzipien für ein sinnerfülltes und glückliches Leben.* mvg, 2020
14. C. G. Jung: *Archetypen – Urbilder und Wirkkräfte des Kollektiven Unbewussten.* Patmos
    Verlag, 2020
15. Carol Harrington: »What is ›Toxic Masculinity‹ and Why Does it Matter?«;
    17.7.2020; https://doi.org/10.1177/1097184X20943254
16. RP online: »Männer ähneln Affen mehr als Frauen«; https://rp-online.de/
    panorama/wissen/forschung/maenner-aehneln-affen-mehr-als-frauen_aid-
    14244865; zuletzt aufgerufen am 16.8.2021
17. Deutsche Forschungsgesellschaft (DFG): »Perspektiven der Genomforschung«;
    https://www.dfg.de/download/pdf/dfg_im_profil/reden_stellungnahmen/
    archiv_download/st_genom_99.pdf; zuletzt aufgerufen am 6.8.2021
18. Gehirn und Lernen: »Der Hirnstamm oder das ›Reptiliengehirn‹«; https://www.
    gehirnlernen.de/gehirn/der-hirnstamm-oder-das-reptiliengehirn/; zuletzt auf-
    gerufen am 16.8.2021
19. Der Beginn des Patriarchats wird häufig mit dem Beginn der Sesshaftigkeit des
    Menschen assoziiert. Vgl. Markus C. Schulte von Drach: »Aufstieg und Nieder-
    gang des Patriarchats«; *Süddeutsche Zeitung,* 3.7.2016; https://www.sueddeutsche.

de/politik/emanzipation-aufstieg-und-niedergang-des-patriarchats-1.2971721; zuletzt aufgerufen am 6.8.2021

20. Duden; https://www.duden.de/rechtschreibung/Disziplin; zuletzt aufgerufen am 9.8.2021
21. Veit Lindau und Andrea Lindau: *Königin und Samurai. Wenn Frau und Mann erwachen.* Goldmann, 2021
22. Mischa Drautz: »Samurai – Die Ritter des Fernen Ostens«; BR Kinder, 29.5.2019; https://www.br.de/kinder/samurai-die-ritter-des-fernen-osten-kinder-lexikon-100.html; zuletzt aufgerufen am 9.8.2021
23. Inazo Nitobe: *Bushido. Der Ehrenkodex der Samurai.* Anaconda Verlag, 2007
24. ebd.
25. Richard Barrett: *Alles, was ich über Werte gelernt habe.* BookOnDemand – vabaduse, 2019
26. C.K. Prahalad und Venkatram Ramaswamy: »Co-opting Customer Competence«; *Harvard Business Review*; Januar/Februar 2000; https://hbr.org/2000/01/co-opting-customer-competence,; zuletzt aufgerufen am 20.8.2021; Carolyn P. Anderson und Katharina Roske: *Das Co-Creation Handbuch 2.0. Ein praktischer Leitfaden zur Entdeckung deines Lebensplans und für gelingende Beziehungen in einer neuen Welt.* Sheema-Medien, 2019
27. »Rōnin – Japanese warrior«; Britannica; https://www.britannica.com/topic/ronin; zuletzt aufgerufen am 9.8.2021
28. Simon Sinek: *Frag immer erst: warum. Wie Top-Firmen und Führungskräfte zum Erfolg inspirieren.* REDLINE, 2014
29. ebd.
30. Fred Deveaux: »Counting the LGBT population: 6% of Europeans identify as LGBT«; Dalia Research GmbH; 18.10.2016; https://daliaresearch.com/blog/counting-the-lgbt-population-6-of-europeans-identify-as-lgbt; zuletzt aufgerufen am 19.8.2021
31. Lara Schwenner: »Frau oder Mann: Wie unser biologisches Geschlecht entsteht«; quarks.de; 15.7.2021; https://www.quarks.de/gesundheit/medizin/sexualitaet-wie-unser-biologisches-geschlecht-entsteht/; zuletzt aufgerufen am 19.8.2021
32. Martin Ucik: *Integrale Beziehungen. Ein Ratgeber für Männer.* Phänomen Verlag, 2012
33. ebd.
34. ebd.
35. in Anlehnung an das Seminar »Würdevolle Sexualität« von Frank Natale; siehe auch Hans-Georg Häusel: *Life Code. Was dich und die Welt antreibt.* Haufe-Lexware, 2020
36. statista: »Entwicklung der Weltbevölkerungszahl von Christi Geburt bis zum Jahr 2020 (in Milliarden)«; https://de.statista.com/statistik/daten/studie/1694/umfrage/entwicklung-der-weltbevoelkerungszahl/; zuletzt aufgerufen am 19.8.2021
37. David Deida: *Der Weg des wahren Mannes. Ein Leitfaden für Meisterschaft in Beziehungen, Beruf und Sexualität.* steinbach sprechende bücher, 2018
38. für mehr Informationen siehe: https://spiraldynamics.net
39. ebd.
40. von lateinisch »evocare«; PONS Wörterbuch; https://de.pons.com/%C3%BCbersetzung/latein-deutsch/evocare; zuletzt aufgerufen am 20.8.2021

ANHANG

Lass uns ein Stück Weg gemeinsam gehen

© Kathrin Stahl

Wenn dich der Ansatz dieses Buches berührt, dann lade ich dich ein, ein kostbares Stück Weg gemeinsam mit mir und Andrea zu gehen. Wir lieben Tiefe und konkrete Praxis. Deshalb haben wir für die gelebte Umsetzung rund um das Buch drei Onlinekurse auf unserer Plattform www.homodea.com konzipiert.

Queen is rising

Dieser Kurs ist Andreas Einladung an alle Frauen*, sich zu verbinden und die Qualitäten der Königin in allen Bereichen des Lebens praktisch und konsequent erblühen zu lassen.

King is back

Dieser Kurs ist eine Einladung und Herausforderung von mir an alle Männer*, inmitten ihres Alltags aufzuwachen, ihren Ehrenkodex zu finden und ihn zum Leben zu erwecken.

Co-Creation – Next Level Love

Wenn du bereit bist, deine privaten und beruflichen Beziehungen auf ein neues Level an Lebendigkeit, Wahrhaftigkeit und Wirksamkeit zu heben, dann komm in den Kurs und mach dich gemeinsam mit Andrea und mir auf den Weg. Erfahre, was es für das Beziehungslevel der Co-Creation braucht, finde Gleichgesinnte und mach es wahr!

Du findest alle Kurse auf www.homodea.com.

Wir freuen uns auf dich!

Über den Autor

»Nutze die kostbare Chance deines Lebens. Geh von der Bremse. Feiere und lebe dein Licht.«

So lautet das Motto von Veit Lindau. Er gilt im deutschsprachigen Raum als der Experte für die integrale Selbstverwirklichung des Menschen und erreicht mit seinen wachrüttelnden Vorträgen, Seminaren und Videos ein großes, sehr gemischtes Publikum. Gemeinsam mit seiner Frau hat er eine große Life Coaching Community aufgebaut (homodea.com), mit derzeit etwa 80 000 Mitgliedern. Für sein Buchwerk wurde er 2017 mit dem Coaching Award ausgezeichnet. 2018 erhielt er den Tiger Award (Marketeer des Jahres) und 2019 den RED FOX Award (Speaker des Jahres). Außerdem wurde er zweimal vom Magazin *Erfolg* unter die Top 7 Erfolgstrainer*innen der Region D-A-CH gewählt.

Bleib mit Veit in Kontakt: www.veitlindau.com

Facebook: @veitlindau

Instagram: @veit.lindau

homodea.com

Die Plattform www.homodea.com ist das Lebenswerk von Andrea und Veit Lindau. Als Life-Coaching-Plattform ist sie ein digitaler Heimathafen und ein Netzwerk für einen kulturellen und strukturellen Wandel der Gesellschaft.

Auf homodea.com erwarten dich mit aktuell etwa 80 000 Mitgliedern über 100 Onlinekurse für deine Potenzialentfaltung, über 100 geführte Meditationen, Hunderte vielseitige Videos und tägliche Inspiration.

Downloadbereich zum Buch

Unter go.homodea.com/king findest du, wie an einigen Stellen im Buch angesprochen, weiterführende Inspirationen und Meditationen. Sie sind ein Geschenk für dich.

DANKSAGUNG

Lieber Manne, ich danke dir aus tiefstem Herzen für dein Vatersein in meinem Leben. Ich danke dir, dass du – geboren im Krieg und aufgewachsen unter härtesten Umständen – nie gekuscht oder gejammert hast. Du hast alles, was du bist, dem Aufbau gewidmet – deiner Familie, deinen Patient*innen, deiner Klinik, diesem Land. Dass sich meine Generation nun mit all diesen Fragen in diesem Buch beschäftigen kann, hat sehr viel mit dem zu tun, was du und deine Generation geopfert und erschaffen habt.

Auch wenn ich in *King is back* an manchen Stellen darüber schreibe, was ich mir anders gewünscht hätte (das muss ich, denn das gehört zu einem ehrlichen Leben dazu): Ich möchte, dass du weißt, dass ich mich zutiefst von dir geliebt fühle und dich aus ganzem Herzen zurückliebe. Ich achte den Weg, den du gegangen bist. Du hast den Staffelstab an mich übergeben und ich hoffe, ich mache genau wie du das mir Bestmögliche daraus.

Dein Sohn, Bruder und Freund
Veit

IMPRESSUM

© 2021 GRÄFE UND UNZER VERLAG GmbH,
Postfach 860366, 81630 München

EDITION

Gräfe und Unzer ist eine eingetragene Marke der GRÄFE UND UNZER
VERLAG GmbH, www.gu.de

ISBN 978-3-8338-8275-3

1. Auflage 2021

Alle Rechte vorbehalten. Nachdruck, auch auszugsweise, sowie Verbreitung
durch Bild, Funk, Fernsehen und Internet, durch fotomechanische
Wiedergabe, Tonträger und Datenverarbeitungssysteme jeder Art nur mit
schriftlicher Genehmigung des Verlages.

Projektleitung: Miriam Nüberlin
Lektorat: Silke Panten
Covergestaltung: FAVORITBUERO, München
Coverillustration: Marko Puclin
Herstellung: Markus Plötz
Satz und Innenlayout: Björn Fremgen, KONTRASTE
Reproduktion: Repro Ludwig, Zell am See
Druck und Bindung: Livonia, Riga

Umwelthinweis: Dieses Buch ist auf PEFC-zertifiziertem Papier gedruckt.
PEFC garantiert, dass Holz- und Papierprodukte aus nachhaltig
bewirtschafteten Wäldern stammen.

Die GU-Homepage finden Sie unter www.gu.de

f www.facebook.com/gu.verlag

Ein Unternehmen der
GANSKE VERLAGSGRUPPE